WORD SOLITAIRE

the secret word'll be in the cards

PETER GORDON

**PUZZLE
WRIGHT
PRESS**

New York

An Imprint of Sterling Publishing Co., Inc.

PUZZLEWRIGHT PRESS and the distinctive Puzzlewright Press logo
are registered trademarks of Sterling Publishing Co., Inc.

© 2023 Peter Gordon

ISBN 978-1-4549-5188-9

For information about custom editions, special sales, and premium purchases,
please contact specialsales@unionsquareandco.com.

Manufactured in China

2   4   6   8   10   9   7   5   3   1

unionsquareandco.com

Cover design by Igor Satanovsky

Contents

Introduction

The object of Word Solitaire is to guess a five-letter word in six or fewer tries. After each guess, you use the chart to determine which letters in your guess are in the answer word and if they are in the right place or not.

Suppose your first guess is DEALT. To start, you look at the row marked "D" in the column marked "1" (since "D" is the first letter). Once you identify what card is there, look below the grid at the spread-out deck of cards. If the card is visible and isn't raised, shout "Yes!" because that means your letter is in the word (but not in the right place). If the card is raised, shout "Great!" because that means you have the right letter in the right spot. If it's not there at all, then mumble "Bah!" because that letter is not in the word. (Or you could say "Boo," or "Blecch" ... you know, make it your own.) Then move to the row marked "E" in the column marked "2" (since "E" is the second letter), and continue like that with "A" in column 3, "L" in column 4, and "T" in column 5.

Once you finish with the first word, use your "Yes!," "Great!," and "Bah!" information (which happen to start with the same first letters as "yellow," "green," and "black") to determine your next guess. To help you keep track, you may want to mark down the information you've gotten; I like to underline "Yes!" letters, circle "Great!" letters, and draw a diagonal line through "Bah!" letters, but naturally you can use whatever system works best for you.

Words may contain repeated letters, but they may not contain three of the same letter. So don't guess EERIE or DADDY. If you guess a word with a repeated letter, like HELLO, before checking "L" in columns 3 and 4, first check it in the pink column labeled "Pair." If the Pair result is "Great!" then that means there are indeed two of that letter in the answer. If the Pair result is "Bah!" then it means the letter is either not in the word at all, or it's in the word only once. (The Pair result will never be "Yes!") If the Pair result is "Bah!" and you get two "Yes!" results when looking up the two letter spots, it means your letter is in the answer word once only, but not in either of the two spots you tried. If the Pair result is "Bah!" and you get one "Yes!" and one "Great!" then the letter is in the answer word once, in the spot of the "Great!" card.

That's all there is to know; give it a try and you'll quickly get the hang of it. Happy solving! (And special thanks to Corey Kosak, whose computer programming helped make this book possible.)

—Peter Gordon

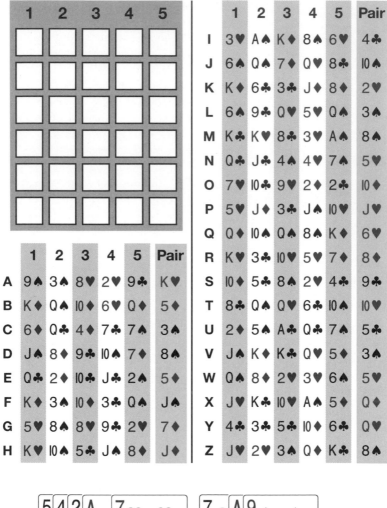

	1	2	3	4	5

	1	2	3	4	5	Pair
I	3♥	A♠	K♦	8♠	6♥	4♣
J	6♠	Q♠	7♦	Q♥	8♣	10♠
K	K♦	6♣	3♣	J♦	8♦	2♥
L	6♠	9♣	Q♥	5♥	Q♠	3♠
M	K♣	K♥	8♣	3♥	A♠	8♠
N	Q♣	J♣	4♠	4♥	7♠	5♥
O	7♥	10♣	9♥	2♦	2♣	10♦
P	5♥	J♦	3♣	J♠	10♥	J♥
Q	Q♦	10♠	Q♠	8♠	K♦	6♥
R	K♥	3♣	10♥	5♥	7♦	8♦
S	10♦	5♣	8♠	2♥	4♣	9♣
T	8♣	Q♠	Q♥	6♣	10♠	10♥
U	2♦	5♠	A♣	Q♣	7♠	5♣
V	J♠	K♦	K♣	Q♥	5♦	3♠
W	Q♠	8♦	2♥	3♥	6♠	5♥
X	J♥	K♣	10♥	A♠	5♦	Q♦
Y	4♣	3♣	5♣	10♦	6♣	Q♥
Z	J♥	2♥	3♠	Q♦	K♣	8♠

	1	2	3	4	5	Pair
A	9♠	3♠	8♥	2♥	9♣	K♥
B	K♦	Q♠	10♦	6♥	Q♦	5♦
C	6♦	Q♣	4♦	7♣	7♠	3♠
D	J♠	8♦	9♣	10♠	7♥	8♠
E	Q♣	2♦	10♣	J♣	2♠	5♦
F	K♦	3♠	10♦	3♣	Q♠	J♠
G	5♥	8♠	8♥	9♣	2♥	7♦
H	K♥	10♠	5♣	J♠	8♦	J♦

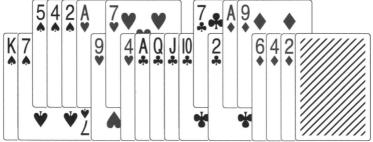

	1	2	3	4	5

	1	2	3	4	5	Pair
I	4♣	4♠	7♣	5♦	8♦	A♥
J	A♠	2♦	2♣	2♥	J♥	5♣
K	3♥	4♠	3♦	3♣	K♦	7♦
L	6♥	J♥	10♣	6♦	6♠	2♦
M	9♥	J♣	3♠	5♠	6♣	Q♠
N	5♣	4♦	7♣	A♣	10♦	6♦
O	8♠	9♦	8♥	K♣	9♥	A♠
P	8♦	A♣	5♣	10♣	2♣	J♠
Q	4♠	6♥	K♦	2♠	4♣	A♥
R	9♦	7♠	K♥	Q♥	K♣	10♥
S	5♥	9♠	8♣	J♣	Q♦	A♦
T	K♥	7♥	3♠	8♠	K♣	4♥
U	7♦	6♥	6♦	2♥	2♦	5♦
V	4♣	J♥	Q♣	A♥	2♠	10♥
W	5♦	3♣	3♥	A♣	10♦	3♦
X	7♦	10♠	J♥	4♥	Q♠	Q♣
Y	J♠	6♥	3♥	4♠	7♠	4♣
Z	5♦	4♥	4♦	2♣	10♠	10♦

	1	2	3	4	5	Pair
A	2♥	10♠	3♣	4♦	6♠	A♠
B	Q♣	4♥	A♣	A♦	J♥	2♣
C	4♠	10♣	2♦	A♠	3♦	3♥
D	K♦	8♦	5♣	Q♣	5♦	3♣
E	4♦	2♣	A♠	3♥	4♠	J♠
F	8♦	3♣	A♦	2♦	10♦	6♦
G	3♦	2♠	2♥	5♣	4♦	10♠
H	6♥	3♣	A♣	A♠	2♣	K♦

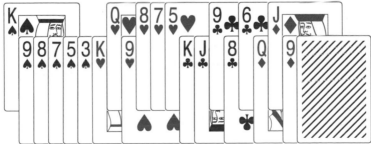

	1	2	3	4	5

	1	2	3	4	5	Pair
A	4♠	2♦	9♠	10♣	6♥	Q♣
B	7♠	9♣	A♦	J♦	A♥	J♠
C	K♥	A♠	3♥	2♦	K♦	3♣
D	J♠	4♣	10♥	5♦	7♠	K♣
E	8♠	6♦	2♠	3♦	Q♠	5♥
F	10♥	Q♦	Q♥	2♥	3♥	9♣
G	A♥	Q♣	3♠	3♣	A♠	4♠
H	J♣	J♠	5♥	J♦	4♥	Q♠

	1	2	3	4	5	Pair
I	K♥	8♦	10♥	K♦	7♠	A♥
J	5♦	J♣	2♦	6♠	4♣	9♠
K	6♥	Q♣	K♣	10♥	3♣	6♣
L	K♥	4♣	A♣	5♥	3♠	J♠
M	6♣	2♥	K♣	4♠	3♥	10♥
N	K♥	5♥	9♠	K♦	3♣	9♣
O	9♦	6♦	9♥	2♠	8♥	K♣
P	K♥	4♠	6♥	9♣	7♠	9♠
Q	A♦	4♥	4♣	5♥	Q♦	2♦
R	4♦	7♦	6♦	2♣	3♦	4♠
S	2♥	10♣	7♠	9♠	A♠	8♦
T	8♥	J♥	A♣	5♣	2♠	J♦
U	A♠	10♥	2♥	7♠	6♥	8♦
V	7♥	6♠	4♠	4♥	Q♣	5♥
W	10♦	6♦	K♣	A♣	2♣	10♥
X	9♠	7♠	7♥	3♣	Q♣	9♣
Y	J♠	A♠	4♠	4♣	10♣	2♥
Z	A♦	Q♣	K♣	6♥	9♠	8♦

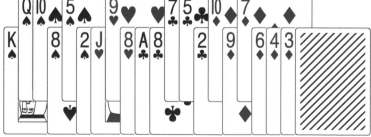

	1	2	3	4	5

	1	2	3	4	5	Pair
A	5♥	A♥	Q♦	8♦	2♣	A♣
B	9♦	5♣	5♦	K♦	K♠	J♠
C	4♠	8♦	Q♥	10♦	2♥	6♣
D	5♠	8♥	A♥	Q♦	4♥	4♦
E	9♠	5♣	7♣	8♠	6♦	4♠
F	8♦	J♠	5♥	Q♦	5♠	10♠
G	4♦	K♣	10♦	10♣	2♥	8♥
H	A♦	6♣	10♠	2♦	9♥	J♠

	1	2	3	4	5	Pair
I	4♣	9♦	10♥	9♠	5♦	8♥
J	5♥	3♣	8♦	J♦	6♠	6♥
K	4♦	8♥	9♥	A♥	7♥	J♠
L	8♦	6♣	10♣	3♥	2♣	4♥
M	5♥	A♦	3♣	K♣	K♥	9♥
N	8♥	Q♥	J♦	10♣	Q♣	J♠
O	4♦	3♦	9♥	A♥	2♦	2♥
P	A♣	2♣	4♠	10♣	3♣	8♥
Q	5♥	2♦	Q♦	Q♣	A♦	2♥
R	7♣	7♠	K♠	9♠	9♣	Q♥
S	6♥	Q♦	10♣	9♥	3♥	A♥
T	2♠	7♣	K♠	8♠	5♣	Q♥
U	Q♣	2♣	10♠	J♦	8♦	J♠
V	5♠	5♥	8♥	K♣	6♣	Q♦
W	Q♣	7♦	10♦	Q♥	3♣	3♥
X	2♥	J♦	A♦	6♠	4♥	7♥
Y	3♥	Q♥	3♦	Q♣	2♣	8♥
Z	A♣	7♥	6♥	Q♦	4♦	J♠

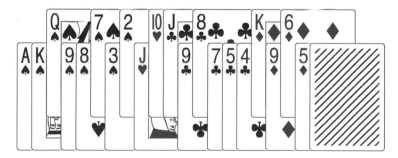

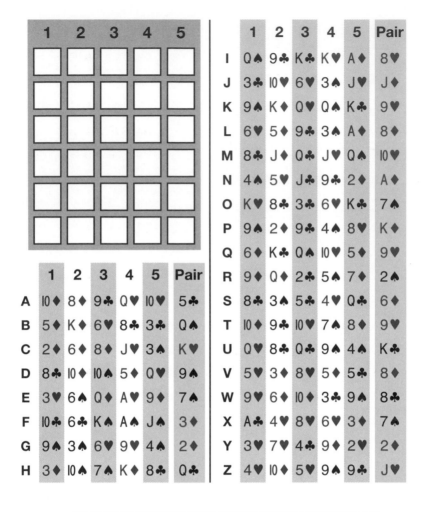

	1	2	3	4	5

	1	2	3	4	5	Pair
A	10♦	8♦	9♣	Q♥	10♥	5♣
B	5♦	K♦	6♥	8♣	3♣	Q♠
C	2♦	6♦	8♦	J♥	3♠	K♥
D	8♣	10♦	10♠	5♦	Q♥	9♠
E	3♥	6♠	Q♦	A♥	9♦	7♠
F	10♣	6♣	K♠	A♠	J♠	3♦
G	9♠	3♠	6♥	9♥	4♠	2♦
H	3♦	10♠	7♠	K♦	8♣	Q♣

	1	2	3	4	5	Pair
I	Q♠	9♣	K♣	K♥	A♦	8♥
J	3♣	10♥	6♥	3♠	J♥	J♦
K	9♠	K♦	Q♥	Q♠	K♣	9♥
L	6♥	5♦	9♣	3♠	A♦	8♦
M	8♣	J♦	Q♣	J♥	Q♠	10♥
N	4♠	5♥	J♣	9♣	2♦	A♦
O	K♥	8♣	3♣	6♥	K♣	7♠
P	9♠	2♦	9♣	4♠	8♥	K♦
Q	6♦	K♣	Q♠	10♥	5♦	9♥
R	9♦	Q♦	2♣	5♠	7♦	2♠
S	8♣	3♠	5♣	4♥	Q♣	6♦
T	10♦	9♣	10♥	7♠	8♦	9♥
U	Q♥	8♣	Q♣	9♠	4♠	K♣
V	5♥	3♦	8♥	5♦	5♣	8♦
W	9♥	6♦	10♦	3♣	9♠	8♣
X	A♣	4♥	8♥	6♥	3♦	7♠
Y	3♥	7♥	4♣	9♦	2♥	2♦
Z	4♥	10♦	5♥	9♠	9♣	J♥

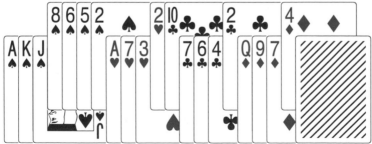

	1	2	3	4	5

	1	2	3	4	5	Pair
I	A♣	J♥	7♦	4♣	10♦	6♦
J	9♥	Q♣	Q♦	7♥	2♦	6♠
K	7♣	10♦	A♣	6♦	K♠	8♣
L	5♣	Q♣	8♠	10♣	2♦	7♦
M	A♣	K♥	6♠	J♣	4♣	Q♦
N	2♣	3♣	3♦	5♠	3♥	8♣
O	6♣	4♠	9♦	5♥	2♥	8♣
P	6♦	7♥	4♣	7♦	10♠	2♦
Q	Q♣	A♣	10♥	Q♣	8♠	J♥
R	9♥	J♠	7♣	4♣	K♠	J♣
S	5♣	J♥	A♠	9♠	8♣	10♦
T	A♦	2♣	5♥	A♥	6♣	Q♣
U	7♦	8♣	2♦	10♥	7♠	K♠
V	J♦	10♦	4♣	A♠	7♥	J♣
W	10♥	8♣	9♥	9♠	7♠	4♦
X	4♣	Q♥	7♥	J♥	8♦	Q♣
Y	7♦	10♣	3♥	10♠	J♣	A♠
Z	J♦	8♦	Q♥	Q♣	10♥	8♥

	1	2	3	4	5	Pair
A	K♠	Q♦	10♥	4♣	6♠	K♥
B	6♦	10♦	J♥	A♠	Q♥	7♥
C	K♠	10♣	Q♦	4♦	8♦	7♦
D	6♦	5♣	2♦	K♥	Q♥	J♠
E	8♥	10♠	A♠	6♠	4♣	A♣
F	8♠	J♦	7♣	4♦	7♦	10♥
G	5♥	6♣	2♥	4♥	K♣	9♥
H	2♣	6♥	2♠	Q♠	A♥	Q♣

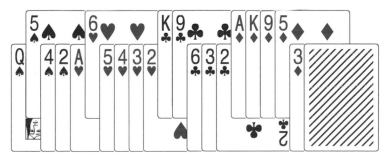

	1	2	3	4	5

	1	2	3	4	5	Pair
I	8♣	7♣	9♣	Q♣	8♥	Q♠
J	K♠	J♥	3♥	6♥	7♠	4♥
K	8♦	Q♣	2♥	10♠	A♣	7♣
L	6♦	3♣	J♦	8♥	7♦	3♥
M	9♣	Q♣	2♣	4♥	10♥	10♠
N	10♣	4♦	Q♦	9♥	K♦	6♦
O	2♣	K♠	10♦	5♥	J♦	J♠
P	3♥	9♦	6♥	8♥	J♥	3♣
Q	7♣	5♣	K♥	2♥	10♦	A♣
R	7♦	9♣	6♦	8♠	Q♠	Q♣
S	6♣	5♠	9♥	Q♦	K♣	K♠
T	4♣	7♠	8♥	10♥	6♦	9♣
U	2♥	4♥	J♦	5♥	10♠	9♦
V	9♣	Q♠	J♠	7♦	5♣	7♥
W	2♥	3♥	10♦	J♥	7♠	A♥
X	8♣	4♥	8♦	9♦	Q♣	5♥
Y	7♠	7♣	7♥	6♦	Q♠	7♦
Z	J♦	Q♣	K♠	3♥	8♣	9♦

	1	2	3	4	5	Pair
A	9♠	A♦	Q♥	4♠	10♣	Q♣
B	10♦	6♥	A♣	3♣	7♥	2♥
C	2♣	3♥	10♠	K♠	J♦	8♠
D	9♥	J♣	2♦	3♠	Q♥	Q♣
E	10♣	3♦	2♠	9♠	A♦	K♥
F	4♣	10♠	7♣	Q♠	9♦	3♣
G	Q♣	J♥	10♥	4♥	8♥	7♠
H	K♠	3♣	6♦	A♥	2♣	5♥

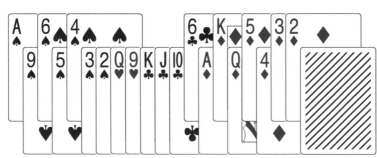

	1	2	3	4	5

	1	2	3	4	5	Pair
I	A♠	4♣	6♠	10♣	3♥	6♥
J	5♠	8♦	A♣	2♥	7♦	2♠
K	9♦	8♣	3♠	7♠	3♣	6♣
L	2♦	10♦	4♣	J♦	7♣	5♥
M	10♠	Q♠	7♥	3♠	K♥	5♠
N	J♥	3♣	A♣	6♣	2♣	J♠
O	9♣	A♥	9♥	J♣	A♦	10♠
P	8♦	7♥	10♥	6♥	2♣	3♣
Q	9♦	7♠	J♥	A♣	10♠	7♦
R	5♠	8♦	J♣	2♣	K♥	K♣
S	3♣	7♥	A♥	Q♥	6♣	6♥
T	3♠	J♥	J♠	10♥	4♥	7♠
U	K♥	K♣	8♠	A♥	8♦	5♥
V	2♥	9♥	J♠	3♣	10♠	6♥
W	7♦	9♣	K♣	Q♠	J♥	A♥
X	3♣	Q♦	2♠	A♣	Q♥	J♠
Y	10♦	8♥	10♣	3♦	9♠	J♥
Z	Q♠	K♣	5♥	9♣	7♦	K♥

	1	2	3	4	5	Pair
A	2♦	Q♣	5♣	8♥	8♠	9♣
B	2♠	2♥	8♦	A♥	J♠	6♦
C	5♥	4♥	A♣	3♣	K♥	J♥
D	4♦	5♦	A♠	3♦	2♦	2♥
E	9♥	3♠	A♣	8♦	Q♠	8♣
F	6♥	9♣	2♣	10♠	7♠	J♣
G	Q♥	4♥	3♠	A♣	3♣	2♣
H	8♣	6♦	10♥	10♠	9♥	8♦

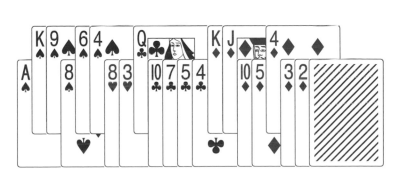

	1	2	3	4	5

	1	2	3	4	5	Pair
A	4♣	9♠	A♣	5♣	5♠	Q♣
B	7♣	4♥	2♦	K♥	A♠	K♠
C	8♠	6♥	6♣	9♥	A♠	10♣
D	4♥	J♦	Q♥	10♥	K♥	8♦
E	J♥	K♠	6♠	2♠	5♠	A♦
F	K♥	A♠	9♥	J♦	10♥	8♠
G	K♦	3♠	5♥	Q♦	4♠	8♥
H	9♠	7♣	2♣	Q♥	2♦	8♦

	1	2	3	4	5	Pair
I	K♣	3♠	6♦	7♦	3☐	9♥
J	A♦	2♣	Q♥	J♦	10♠	4♥
K	Q♣	8♥	8♠	2♥	2♦	K♠
L	2♠	A♣	6♠	4♥	2♣	J♥
M	10♣	J♦	Q♣	6♣	2♦	K♠
N	8♣	J♣	A♥	3♠	7♦	8♥
O	9♣	3♣	K♦	4♦	4♠	5♠
P	8♥	8♠	A♦	2♠	A♣	4♥
Q	Q♥	4♣	9♠	10♥	K♥	Q♣
R	8♠	2♦	10♦	2♥	2♠	7♠
S	4♥	Q♣	9♠	6♠	K♥	10♣
T	3♣	8♣	9♣	7♥	Q♠	8♦
U	K♥	A♠	7♠	10♦	10♣	A♦
V	2♦	6♥	J♦	9♠	J♥	5♠
W	Q♣	4♥	8♥	8♦	5♦	A♦
X	10♣	5♣	8♠	2♠	2♦	6♣
Y	7♠	Q♣	8♦	5♠	K♠	6♠
Z	5♦	7♣	10♠	2♠	9♥	10♦

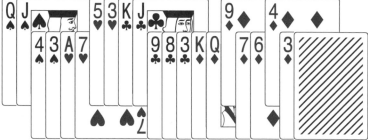

	1	2	3	4	5

	1	2	3	4	5	Pair
I	5♠	4♣	9♣	4♠	3♦	K♥
J	8♠	K♠	Q♥	10♠	J♦	6♥
K	Q♣	7♣	3♥	3♦	J♣	8♥
L	7♥	7♦	4♦	2♥	10♥	8♣
M	3♦	4♣	Q♣	K♦	A♥	6♥
N	7♣	4♥	A♠	4♠	J♥	J♣
O	10♣	3♣	Q♣	4♣	3♥	5♠
P	6♠	9♠	2♦	10♦	5♥	4♠
Q	5♦	J♥	10♣	Q♣	Q♥	J♣
R	Q♠	K♠	A♥	3♦	K♥	7♣
S	8♥	6♥	5♠	9♣	8♠	4♥
T	3♥	J♦	Q♥	10♠	8♣	A♥
U	3♣	7♣	K♥	K♣	J♣	8♠
V	3♥	J♦	8♣	4♥	6♥	8♥
W	8♦	Q♥	A♠	6♣	5♦	Q♣
X	J♣	3♦	J♥	6♥	8♥	K♠
Y	A♦	7♥	2♠	4♦	6♠	8♣
Z	3♣	10♣	8♠	7♣	3♥	8♥

	1	2	3	4	5	Pair
A	Q♣	3♣	6♣	A♠	J♠	Q♥
B	Q♠	9♣	J♣	K♥	A♥	8♦
C	K♣	8♥	10♠	7♠	6♥	K♦
D	4♥	10♣	J♣	3♣	6♣	J♦
E	4♠	K♠	3♥	J♥	7♣	9♣
F	K♥	8♥	J♦	4♥	8♣	5♠
G	9♦	6♠	2♦	4♦	2♥	10♠
H	10♥	9♠	5♥	6♦	A♣	7♠

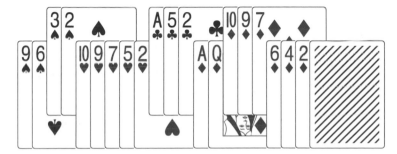

	1	2	3	4	5

	1	2	3	4	5	Pair
A	K♦	3♣	6♦	K♣	2♣	10♠
B	Q♠	J♠	5♦	8♠	10♦	5♥
C	4♥	2♦	Q♥	3♦	2♥	7♦
D	J♦	10♥	5♣	6♠	3♦	8♠
E	Q♥	3♠	Q♣	4♣	6♥	A♥
F	7♣	8♣	J♠	8♥	K♣	K♠
G	9♦	K♦	5♦	10♠	10♦	9♠
H	Q♥	Q♦	6♥	3♥	A♣	Q♠

	1	2	3	4	5	Pair
I	5♥	6♦	J♠	5♠	9♠	K♣
J	7♠	9♦	9♥	10♠	3♦	8♠
K	K♦	Q♠	10♦	10♥	6♦	8♣
L	9♥	A♦	J♠	2♣	3♦	5♣
M	7♣	J♦	K♥	8♥	10♦	5♥
N	8♦	10♥	7♠	5♣	9♠	K♣
O	6♠	10♠	5♥	5♦	2♣	10♦
P	A♣	6♥	10♣	2♥	6♣	3♣
Q	9♦	5♦	7♠	4♦	K♦	J♥
R	A♦	6♦	J♠	9♥	5♥	7♣
S	Q♠	8♣	K♦	5♠	J♥	2♣
T	9♥	6♦	5♣	K♠	8♠	5♥
U	Q♠	7♦	J♠	10♦	10♠	J♦
V	5♣	5♥	K♣	8♦	K♥	9♦
W	10♠	J♠	6♠	7♠	10♥	9♥
X	5♠	9♠	K♠	Q♠	5♣	3♣
Y	10♦	K♣	J♠	7♣	6♠	5♦
Z	7♦	9♥	10♠	10♥	8♣	9♦

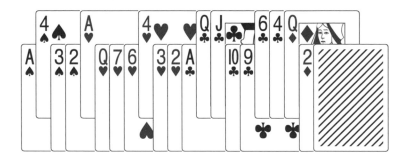

	1	2	3	4	5

	1	2	3	4	5	Pair
I	8♦	K♦	Q♥	6♥	4♥	A♣
J	7♣	4♣	Q♦	J♦	K♠	5♦
K	3♠	8♥	7♠	A♠	3♣	6♥
L	2♠	7♣	J♦	8♦	2♣	7♦
M	5♣	A♣	K♣	A♥	K♦	4♥
N	Q♥	2♠	10♥	7♦	7♠	9♥
O	Q♦	A♠	4♣	4♦	K♣	Q♠
P	A♣	10♥	8♦	8♠	5♦	9♥
Q	4♥	Q♣	7♠	10♦	4♣	6♥
R	9♠	5♠	6♣	2♦	J♠	7♦
S	8♦	10♦	K♠	9♥	3♠	K♥
T	J♥	3♥	J♠	3♦	9♣	6♠
U	Q♦	2♠	4♣	K♦	3♣	7♣
V	2♣	8♦	10♥	4♦	J♦	Q♥
W	10♦	3♠	3♣	A♠	5♣	K♥
X	7♦	8♦	J♣	K♣	Q♦	K♠
Y	A♥	8♥	5♦	2♠	7♣	9♥
Z	K♦	A♣	Q♠	8♠	K♠	7♠

	1	2	3	4	5	Pair
A	9♠	A♦	3♥	8♣	7♥	5♦
B	7♣	A♥	10♦	7♠	Q♥	7♦
C	4♥	K♣	9♦	8♠	K♥	4♣
D	A♥	3♣	10♥	2♠	8♥	5♦
E	6♣	3♥	4♠	A♦	7♥	J♦
F	9♦	4♥	7♣	4♦	2♣	A♥
G	5♦	J♦	K♦	8♠	10♥	3♣
H	K♣	2♣	5♣	K♥	3♠	Q♣

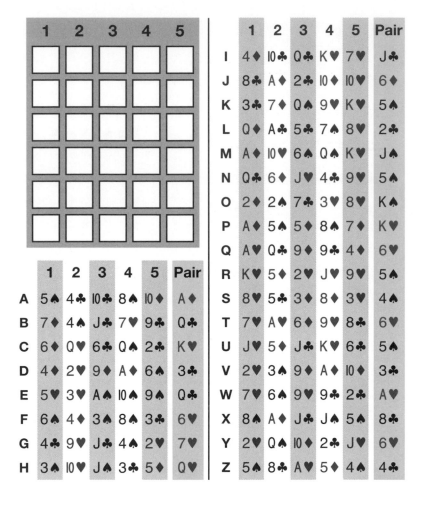

	1	2	3	4	5

	1	2	3	4	5	Pair
I	4♦	10♣	Q♣	K♥	7♥	J♣
J	8♣	A♦	2♣	10♦	10♥	6♦
K	3♣	7♦	Q♠	9♥	K♥	5♠
L	Q♦	A♣	5♣	7♠	8♥	2♣
M	A♦	10♥	6♠	Q♠	K♥	J♠
N	Q♣	6♦	J♥	4♣	9♥	5♠
O	2♦	2♠	7♣	3♥	8♥	K♠
P	A♦	5♠	5♦	8♠	7♥	K♥
Q	A♥	Q♣	9♥	9♣	4♦	6♥
R	K♥	5♦	2♥	J♥	9♥	5♠
S	8♥	5♣	3♦	8♥	3♥	4♠
T	7♥	A♥	6♦	9♥	8♣	6♥
U	J♥	5♦	J♣	K♥	6♣	5♠
V	2♥	3♠	9♦	A♥	10♦	3♣
W	7♥	6♠	9♥	9♣	2♠	A♥
X	8♠	A♦	J♣	J♠	5♠	8♠
Y	2♥	Q♠	10♦	2♣	J♥	6♥
Z	5♠	8♣	A♥	5♦	4♠	4♣

	1	2	3	4	5	Pair
A	5♠	4♣	10♣	8♠	10♦	A♦
B	7♦	4♠	J♣	7♥	9♣	Q♣
C	6♦	Q♥	6♣	Q♠	2♣	K♥
D	4♦	2♥	9♦	A♦	6♠	3♣
E	5♥	3♥	A♠	10♠	9♠	Q♣
F	6♠	4♦	3♠	8♠	3♣	6♥
G	4♣	9♥	J♣	4♠	2♥	7♥
H	3♠	10♥	J♠	3♣	5♦	Q♥

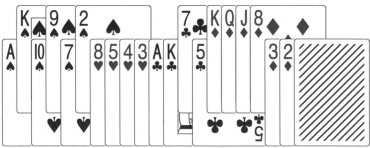

18

	1	2	3	4	5

	1	2	3	4	5	Pair
I	10♦	Q♣	K♥	3♥	K♣	J♣
J	4♥	7♦	J♦	Q♦	A♦	5♠
K	2♥	Q♠	10♦	4♣	3♥	K♣
L	J♦	K♥	5♣	Q♥	3♣	A♦
M	K♣	3♠	Q♣	2♦	K♦	3♦
N	10♣	6♦	3♥	J♣	Q♦	2♥
O	4♦	Q♥	8♦	10♠	A♦	2♣
P	Q♦	10♦	J♦	A♥	A♠	K♦
Q	5♣	4♣	10♣	5♠	K♥	Q♠
R	4♥	J♣	A♠	A♦	J♦	Q♦
S	10♦	K♥	6♦	8♦	4♣	10♣
T	9♣	K♠	8♠	10♥	4♠	2♥
U	Q♥	Q♣	8♦	3♣	A♥	5♣
V	2♣	A♦	3♥	Q♦	4♦	10♠
W	3♠	6♦	8♣	J♦	K♦	3♣
X	4♦	10♣	10♦	5♥	Q♣	3♦
Y	J♦	8♦	0♣	7♦	2♣	K♦
Z	2♥	10♣	5♠	K♣	A♦	3♦

	1	2	3	4	5	Pair
A	7♣	J♥	9♣	2♠	10♥	K♦
B	A♥	2♣	J♣	J♦	5♥	A♠
C	6♣	10♥	7♣	9♥	K♠	8♥
D	10♠	8♦	2♥	10♣	5♥	2♣
E	6♥	J♦	5♣	8♣	4♣	2♦
F	2♥	5♥	A♦	Q♠	10♦	J♣
G	K♦	5♣	4♣	6♦	3♠	K♥
H	7♥	9♣	4♠	10♥	9♦	2♥

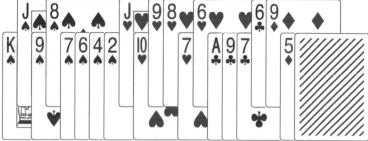

	1	2	3	4	5

	1	2	3	4	5	Pair
I	K♣	Q♦	Q♠	A♥	5♠	7♦
J	6♦	10♣	J♦	K♠	7♥	4♣
K	2♦	Q♦	4♠	6♥	9♠	6♣
L	J♣	Q♣	9♣	3♥	7♠	7♦
M	6♠	Q♥	6♦	9♠	8♥	A♥
N	9♦	2♣	3♣	Q♣	4♥	7♥
O	K♦	K♠	Q♥	6♥	J♦	Q♠
P	7♥	8♥	5♣	5♦	6♣	10♥
Q	6♥	6♠	A♥	6♦	7♦	10♦
R	5♦	K♣	Q♦	10♣	2♠	4♦
S	J♦	6♠	5♥	8♠	6♣	7♣
T	5♣	4♠	9♥	Q♠	5♦	2♠
U	7♦	6♣	K♠	A♣	4♣	10♣
V	5♦	5♠	7♣	8♠	10♥	K♣
W	3♣	Q♣	10♠	J♥	9♣	K♠
X	A♣	7♣	5♥	4♠	5♠	5♦
Y	2♠	K♠	9♠	K♣	J♦	10♦
Z	7♦	4♠	7♥	5♠	5♦	6♦

	1	2	3	4	5	Pair
A	6♠	K♠	4♦	5♥	5♦	10♥
B	6♥	8♥	5♠	2♠	A♣	6♣
C	J♦	8♠	A♥	4♦	10♥	5♣
D	Q♠	6♠	K♣	9♥	K♠	8♥
E	J♥	2♥	K♥	8♣	J♣	3♠
F	6♠	Q♠	5♦	K♦	8♠	J♦
G	5♠	8♥	2♦	4♦	5♣	7♣
H	10♣	A♣	6♣	9♥	6♠	4♠

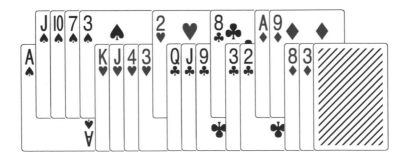

1	2	3	4	5

	1	2	3	4	5	Pair
I	K♠	K♥	Q♣	3♦	7♠	Q♠
J	10♣	A♥	10♦	J♥	2♥	9♥
K	3♠	K♣	10♥	3♥	7♣	4♥
L	Q♦	2♣	5♠	9♠	2♠	7♥
M	K♦	J♦	8♦	K♠	Q♣	J♣
N	4♦	9♣	6♠	7♦	7♠	Q♦
O	Q♠	J♥	10♦	7♥	4♥	6♥
P	A♣	8♠	A♠	K♣	6♣	7♣
Q	5♠	A♦	6♥	2♣	3♥	9♥
R	Q♥	8♠	9♠	K♣	7♣	7♥
S	4♠	5♠	A♥	6♣	10♣	9♥
T	9♠	8♠	J♠	4♥	3♠	A♦
U	5♠	2♣	10♦	10♣	6♦	6♣
V	A♣	5♥	A♥	J♠	9♠	6♥
W	9♥	8♠	A♠	2♣	5♠	10♥
X	3♥	A♦	7♣	6♥	4♣	6♣
Y	2♣	8♠	A♣	A♥	5♠	4♥
Z	3♠	6♦	J♥	A♦	10♥	10♣

	1	2	3	4	5	Pair
A	K♠	3♣	7♦	K♥	2♥	10♠
B	2♠	A♣	7♥	5♥	9♠	Q♥
C	J♠	4♣	3♠	6♦	J♥	K♠
D	10♦	9♠	6♥	6♣	J♣	10♥
E	3♥	3♠	9♥	7♣	8♠	6♥
F	J♠	Q♦	J♥	A♣	4♠	10♦
G	4♣	4♥	J♣	5♥	6♥	A♥
H	2♠	8♠	5♠	K♣	7♣	Q♦

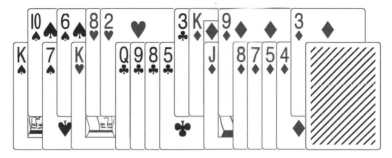

	1	2	3	4	5

	1	2	3	4	5	Pair
A	4♠	4♣	Q♣	3♣	10♣	5♣
B	2♥	10♥	2♦	8♣	K♣	J♦
C	A♥	A♠	K♦	K♠	Q♣	8♦
D	6♣	5♥	J♠	Q♥	Q♦	3♣
E	3♥	J♥	8♥	2♦	8♠	9♥
F	5♠	Q♠	10♣	9♠	2♣	8♦
G	Q♥	10♠	10♦	J♣	7♠	7♥
H	K♦	6♠	3♠	7♦	5♠	6♥

	1	2	3	4	5	Pair
I	J♠	5♥	J♣	Q♠	Q♦	10♠
J	Q♥	Q♣	2♣	4♣	7♣	6♥
K	8♦	3♠	J♠	J♣	7♥	A♠
L	10♥	A♣	2♣	A♦	K♣	10♦
M	10♣	3♠	Q♥	5♥	7♥	Q♦
N	10♠	2♣	8♦	3♣	J♠	4♣
O	4♦	8♠	K♣	6♦	3♥	6♠
P	3♣	K♠	5♣	J♣	Q♣	7♥
Q	9♠	10♦	5♠	J♦	4♠	10♠
R	J♠	5♣	6♣	6♠	6♥	K♦
S	3♣	Q♦	10♠	7♥	7♣	K♠
T	A♠	2♣	10♣	J♠	8♦	Q♠
U	7♦	6♠	10♠	4♣	K♦	10♦
V	K♠	A♠	9♥	7♥	5♠	6♣
W	4♦	A♣	9♣	3♥	K♥	7♠
X	5♥	Q♠	J♠	5♠	4♣	3♣
Y	4♠	J♦	3♠	Q♥	5♣	2♣
Z	10♣	A♠	10♦	J♠	6♣	7♦

	1	2	3	4	5

	1	2	3	4	5	Pair
A	2♠	A♥	8♥	8♦	4♥	4♠
B	3♠	Q♠	10♣	3♥	6♦	7♥
C	9♣	J♦	K♥	5♠	8♣	2♠
D	K♠	8♣	6♠	10♠	4♠	Q♠
E	J♣	10♥	J♦	3♦	J♠	8♠
F	5♥	Q♦	5♦	5♠	9♦	A♣
G	J♥	8♣	2♣	10♠	9♠	6♥
H	10♥	K♣	4♣	J♠	K♥	8♠

	1	2	3	4	5	Pair
I	5♥	10♦	3♣	5♠	Q♦	4♠
J	K♠	5♣	6♦	Q♥	K♦	8♥
K	2♦	Q♣	A♥	J♥	8♠	7♦
L	5♣	3♥	4♦	Q♥	K♠	2♠
M	2♣	6♦	Q♣	3♠	2♦	K♦
N	4♦	8♦	4♠	7♦	9♠	2♥
O	6♥	8♥	3♥	A♥	9♥	2♦
P	7♣	4♠	8♦	Q♠	Q♥	4♥
Q	8♦	7♦	Q♣	8♠	9♠	2♦
R	2♣	7♣	6♥	7♥	3♠	4♥
S	4♦	A♥	6♠	7♦	Q♣	A♣
T	3♥	9♠	10♠	K♠	4♠	2♠
U	8♣	2♣	5♣	8♥	9♥	7♥
V	10♣	10♠	2♥	2♦	8♦	K♦
W	9♠	A♥	8♥	6♦	7♣	6♥
X	A♣	6♠	K♠	3♥	7♥	5♣
Y	9♥	A♥	8♠	4♥	7♦	2♥
Z	K♠	J♥	9♠	K♦	7♣	8♥

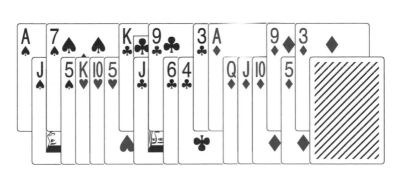

	1	2	3	4	5

	1	2	3	4	5	Pair
A	9♠	4♠	2♥	8♦	6♦	8♥
B	6♣	A♣	2♣	5♦	6♥	2♦
C	5♠	J♣	4♦	8♦	10♦	7♣
D	3♠	Q♣	5♦	9♥	3♣	2♠
E	Q♠	7♠	5♣	10♣	10♦	8♦
F	9♥	4♦	Q♦	6♦	J♦	5♠
G	K♣	8♥	3♣	2♠	8♦	A♣
H	8♠	6♦	3♠	4♦	10♥	2♣

	1	2	3	4	5	Pair
I	J♣	2♠	3♣	5♥	6♣	6♥
J	J♦	10♥	5♦	4♠	K♠	A♣
K	3♣	7♣	J♣	8♦	6♥	Q♦
L	J♠	9♥	8♥	6♠	8♠	5♥
M	J♣	A♣	3♣	A♦	6♣	8♦
N	9♥	2♠	2♥	6♠	K♠	5♦
O	9♦	A♥	10♦	7♥	Q♠	8♠
P	6♠	9♥	A♣	4♠	9♠	3♣
Q	8♦	J♦	6♣	J♣	6♦	5♠
R	3♦	Q♥	5♣	7♥	K♥	4♣
S	6♣	8♣	J♣	5♠	2♠	7♣
T	2♣	8♥	8♠	8♦	5♥	5♦
U	J♠	Q♣	K♠	6♦	2♦	5♠
V	7♠	5♣	3♥	Q♥	9♦	J♣
W	8♠	3♠	K♠	A♣	8♣	5♠
X	K♣	2♠	Q♦	3♣	6♦	4♦
Y	10♥	9♥	J♠	J♦	6♠	8♠
Z	8♥	2♦	6♣	7♣	6♥	K♠

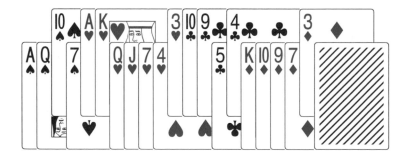

	1	2	3	4	5

	1	2	3	4	5	Pair
I	Q♥	5♥	10♣	6♠	5♠	6♦
J	8♦	J♣	2♥	K♠	7♠	7♦
K	6♦	7♥	3♥	J♥	2♠	Q♣
L	9♣	Q♦	4♠	2♣	3♦	9♦
M	4♦	2♠	Q♠	10♣	J♠	4♥
N	6♠	5♥	10♣	6♥	5♣	J♣
O	2♦	2♣	8♠	A♥	4♣	A♠
P	8♦	10♣	2♠	J♠	10♠	5♠
Q	J♥	A♠	9♠	6♠	K♣	6♥
R	10♥	2♠	8♠	A♣	Q♥	5♥
S	8♣	3♣	Q♦	A♠	9♣	J♣
T	10♣	A♣	Q♠	6♦	6♠	6♥
U	J♠	4♦	5♠	8♦	7♥	10♠
V	6♠	Q♥	7♦	5♦	9♥	10♣
W	10♦	Q♦	A♥	K♥	4♠	K♠
X	2♠	5♠	8♦	A♣	9♦	Q♥
Y	4♥	Q♠	7♠	3♠	5♥	A♠
Z	2♥	J♣	6♦	2♠	4♦	7♥

	1	2	3	4	5	Pair
A	6♠	8♦	5♣	J♣	Q♥	7♠
B	10♠	9♥	10♥	3♥	2♠	K♠
C	9♠	J♦	2♣	A♥	3♣	7♦
D	5♥	4♦	10♥	2♥	10♣	Q♣
E	7♥	8♦	5♦	3♠	10♠	Q♥
F	J♣	J♠	K♣	Q♣	2♥	Q♠
G	10♠	5♣	8♦	A♠	10♥	5♥
H	3♥	7♦	2♥	Q♠	J♣	2♠

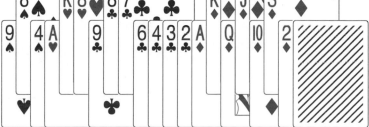

	1	2	3	4	5

	1	2	3	4	5	Pair
A	9♠	7♥	9♦	7♠	8♠	Q♥
B	A♠	5♣	4♣	8♦	4♠	K♠
C	J♠	6♦	A♣	3♠	8♣	7♥
D	K♠	9♣	10♥	6♠	9♥	A♦
E	10♠	5♠	10♦	4♦	A♥	7♠
F	3♠	Q♣	3♥	K♠	Q♠	5♥
G	J♥	A♣	9♦	10♥	A♥	Q♥
H	4♠	7♥	3♣	8♣	3♦	K♠

	1	2	3	4	5	Pair
I	A♠	A♣	8♠	A♦	Q♠	J♠
J	J♥	5♣	9♣	Q♣	K♠	8♣
K	7♠	4♥	7♥	9♦	2♦	3♣
L	4♣	3♥	4♠	A♦	6♠	6♦
M	9♦	7♠	Q♣	8♣	J♥	4♥
N	3♠	3♣	5♥	3♦	10♣	A♠
O	8♦	Q♥	7♠	K♠	2♦	8♠
P	J♣	5♦	K♣	K♦	5♠	A♠
Q	10♣	6♦	8♣	K♠	3♦	A♠
R	4♦	8♥	7♣	10♠	A♥	Q♣
S	K♣	J♦	6♥	6♣	7♦	9♥
T	5♣	2♣	A♣	Q♠	A♠	10♣
U	5♥	3♥	J♥	7♠	3♠	A♦
V	4♠	2♦	J♠	10♣	8♣	A♣
W	3♠	8♦	A♠	Q♥	J♥	2♣
X	Q♣	6♠	8♠	J♠	Q♠	A♠
Y	10♥	4♠	3♦	A♦	2♣	7♠
Z	9♠	3♠	6♠	J♠	10♣	J♥

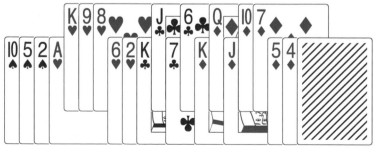

	1	2	3	4	5

	1	2	3	4	5	Pair
A	4♦	9♣	Q♠	2♥	5♣	7♦
B	J♥	A♠	10♠	3♥	7♣	Q♥
C	9♦	2♠	10♣	8♣	2♦	A♦
D	J♦	7♥	J♣	K♥	4♥	Q♥
E	3♣	10♠	3♥	9♣	7♦	J♥
F	K♠	Q♠	9♥	7♣	J♠	10♦
G	8♦	7♥	4♦	3♥	J♥	5♣
H	4♥	A♦	Q♥	2♥	J♠	9♣

	1	2	3	4	5	Pair
I	5♦	K♦	4♠	2♦	6♦	9♠
J	J♦	8♦	8♠	4♣	J♣	6♠
K	2♦	6♦	2♣	6♣	9♦	3♣
L	7♥	8♦	6♥	8♠	3♥	7♦
M	A♦	7♣	9♥	10♦	7♠	9♣
N	4♦	J♦	4♣	J♠	Q♠	J♥
O	7♥	3♥	7♦	A♦	A♠	K♥
P	Q♣	5♦	6♦	4♠	2♠	9♥
Q	8♠	K♠	7♠	5♠	7♠	3♥
R	K♥	A♠	J♥	6♥	J♠	5♣
S	Q♥	J♣	3♥	9♥	6♠	9♠
T	6♥	7♦	5♠	8♠	J♦	Q♠
U	A♠	5♣	4♦	9♣	4♣	Q♥
V	3♣	7♥	A♦	3♥	K♥	J♣
W	J♠	J♦	5♠	7♠	10♦	10♥
X	7♣	4♦	9♣	Q♥	K♥	5♣
Y	9♦	2♠	5♥	4♠	A♥	7♥
Z	7♠	J♠	8♦	K♥	K♠	9♣

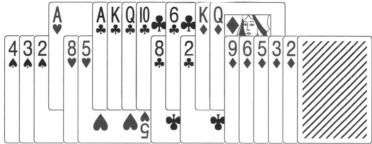

	1	2	3	4	5

	1	2	3	4	5	Pair
A	4♥	5♠	6♠	7♣	6♦	9♣
B	3♥	10♣	J♥	8♣	Q♣	A♠
C	3♠	Q♥	10♦	8♠	7♠	A♥
D	J♦	5♦	5♣	K♥	6♣	K♣
E	J♣	4♠	9♥	2♣	J♠	10♠
F	8♦	Q♣	6♦	8♠	A♠	10♦
G	7♣	5♠	4♥	6♠	3♥	A♥
H	4♦	Q♥	Q♠	K♠	2♦	8♣

	1	2	3	4	5	Pair
I	9♦	10♥	9♠	5♦	6♣	7♠
J	A♥	2♦	3♠	10♥	6♠	3♥
K	2♠	3♣	3♦	10♣	2♥	8♠
L	A♠	3♠	Q♠	4♦	10♠	A♥
M	J♥	10♦	2♥	6♦	3♣	3♥
N	3♦	2♦	A♠	Q♣	Q♥	8♥
O	6♥	9♦	5♦	5♣	10♥	10♠
P	6♠	3♦	5♠	A♣	2♥	8♣
Q	8♦	3♠	8♥	3♥	8♠	10♠
R	8♣	9♣	7♠	4♦	A♠	4♥
S	5♠	A♥	3♠	6♦	Q♥	7♣
T	7♦	3♦	6♠	Q♠	J♥	Q♣
U	Q♥	2♦	6♦	10♠	A♠	4♥
V	9♣	10♦	3♣	8♦	6♠	K♠
W	Q♣	8♠	7♦	4♥	3♦	Q♠
X	9♦	4♣	6♣	5♣	10♥	8♣
Y	6♠	Q♠	10♠	2♠	Q♥	2♥
Z	J♥	7♠	8♥	6♦	9♣	3♠

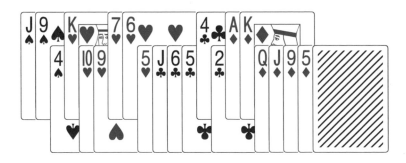

	1	2	3	4	5

	1	2	3	4	5	Pair
I	6♥	A♥	K♣	Q♣	Q♠	10♥
J	K♥	8♦	6♠	10♠	5♥	2♥
K	J♦	Q♣	2♦	J♠	4♠	A♥
L	7♠	5♣	2♣	6♠	8♦	J♥
M	9♠	Q♣	K♥	J♠	4♣	2♥
N	J♥	3♣	5♥	Q♠	7♥	6♠
O	9♦	8♣	K♦	4♥	2♠	4♣
P	2♥	6♥	Q♦	4♦	6♠	6♦
Q	J♠	4♠	7♥	J♠	A♣	5♥
R	Q♣	J♥	K♣	6♣	9♥	4♦
S	3♠	9♦	K♠	3♦	8♣	A♥
T	10♦	9♣	A♦	7♦	7♣	6♠
U	4♥	5♠	K♠	Q♥	2♠	A♣
V	5♥	K♥	6♥	8♦	7♠	9♠
W	K♣	4♣	J♠	J♥	7♥	2♣
X	5♣	2♥	2♠	5♥	Q♦	7♠
Y	K♥	Q♣	J♥	A♥	10♥	3♣
Z	5♥	6♦	6♥	10♠	7♥	7♠

	1	2	3	4	5	Pair
A	3♥	A♣	6♦	J♠	A♥	6♣
B	Q♦	5♣	6♥	4♠	5♥	6♠
C	K♠	J♣	5♠	7♦	3♦	2♣
D	8♦	7♥	3♥	6♥	J♠	6♠
E	A♠	J♥	2♥	3♣	4♠	Q♦
F	6♥	Q♠	A♥	7♥	9♠	6♠
G	Q♣	5♥	3♣	10♥	2♥	5♣
H	A♣	J♠	4♦	2♣	A♠	6♣

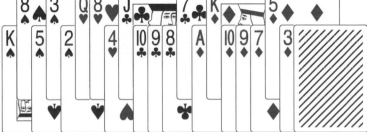

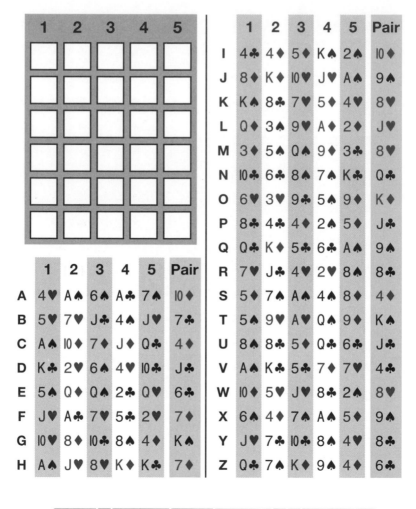

Left grid (columns 1–5, 6 empty rows)

Right table:

	1	2	3	4	5	Pair
I	4♣	4♦	5♦	K♠	2♠	10♦
J	8♦	K♦	10♥	J♥	A♠	9♠
K	K♠	8♣	7♥	5♦	4♥	8♥
L	Q♦	3♠	9♥	A♦	2♦	J♥
M	3♦	5♠	Q♠	9♦	3♣	8♦
N	10♣	6♣	8♠	7♠	K♣	Q♣
O	6♥	3♥	9♣	5♠	9♦	K♦
P	8♣	4♣	4♦	2♠	5♦	J♣
Q	Q♣	K♦	5♣	6♣	A♠	9♠
R	7♥	J♣	4♥	2♥	8♠	8♣
S	5♦	7♠	A♠	4♠	8♦	4♦
T	5♠	9♥	A♥	Q♠	9♦	K♠
U	8♠	8♣	5♦	Q♣	6♣	J♣
V	A♠	K♣	5♣	7♦	7♥	4♣
W	10♦	5♥	J♥	8♣	2♠	8♥
X	6♠	4♦	7♠	A♠	5♦	9♠
Y	J♥	7♣	10♣	8♠	4♥	8♣
Z	Q♣	7♠	K♦	9♠	4♦	6♣

Lower-left table:

	1	2	3	4	5	Pair
A	4♥	A♠	6♠	A♣	7♠	10♦
B	5♥	7♥	J♣	4♠	J♥	7♣
C	A♠	10♦	7♦	J♦	Q♣	4♦
D	K♣	2♥	6♠	4♥	10♣	J♣
E	5♠	Q♦	Q♠	2♣	Q♥	6♣
F	J♥	A♣	7♥	5♣	2♥	7♦
G	10♥	8♦	10♣	8♠	4♥	K♠
H	A♠	J♥	8♥	K♦	K♣	7♦

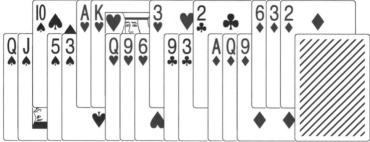

	1	2	3	4	5

	1	2	3	4	5	Pair
I	4♥	8♦	9♣	J♠	K♠	A♥
J	7♥	Q♣	2♠	8♣	9♥	7♠
K	K♥	7♦	10♥	Q♥	8♦	3♣
L	5♥	5♠	8♥	10♣	4♦	9♠
M	K♦	7♦	10♥	7♥	7♠	K♥
N	5♥	A♣	Q♠	A♦	Q♦	3♠
O	9♥	6♣	J♠	6♠	8♣	K♥
P	10♥	A♥	2♠	9♣	4♥	7♦
Q	6♦	5♣	3♠	J♥	9♦	7♥
R	6♣	K♦	9♥	J♠	6♠	5♦
S	Q♣	K♠	7♠	9♠	8♣	7♥
T	6♠	A♥	8♠	5♣	K♥	9♦
U	6♥	Q♠	7♣	A♣	Q♦	J♠
V	7♠	9♥	8♠	5♣	10♥	4♥
W	K♥	K♣	J♠	3♣	7♦	A♥
X	6♣	3♠	8♣	10♠	2♠	6♦
Y	K♦	9♦	7♥	J♥	5♣	K♥
Z	6♦	3♠	10♥	8♠	10♦	8♦

	1	2	3	4	5	Pair
A	10♥	4♥	A♥	Q♥	Q♣	K♠
B	6♠	9♠	9♥	7♥	K♦	3♣
C	3♥	Q♦	6♥	A♣	4♦	2♦
D	8♠	K♥	5♣	5♦	3♠	K♠
E	Q♥	7♠	7♦	2♠	6♦	8♦
F	K♥	5♦	6♣	3♣	5♣	6♠
G	5♥	A♠	4♦	4♣	3♦	10♦
H	9♠	K♣	10♠	8♠	3♠	9♥

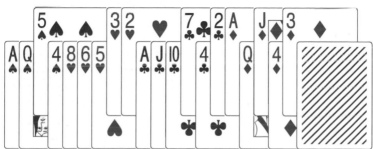

	1	2	3	4	5

	1	2	3	4	5	Pair
I	10♥	9♠	6♦	10♠	9♥	6♣
J	J♦	10♦	4♣	2♦	7♦	8♣
K	4♥	J♣	9♣	4♦	J♥	6♣
L	5♠	K♦	A♥	K♥	5♣	2♣
M	7♥	3♣	2♦	3♦	4♣	9♣
N	7♦	J♦	10♠	J♥	3♥	J♣
O	A♦	4♣	6♠	10♥	2♣	9♦
P	8♦	A♠	3♥	J♦	9♣	9♠
Q	10♠	4♥	10♦	2♣	6♦	8♣
R	K♥	2♠	3♠	5♦	8♠	2♦
S	4♥	7♥	A♠	A♥	9♣	10♠
T	J♦	9♥	3♥	4♠	9♠	10♥
U	4♦	7♠	2♦	A♦	9♦	J♥
V	9♣	4♠	4♣	3♥	2♣	3♦
W	6♠	3♣	8♣	J♥	4♦	Q♠
X	3♥	7♥	K♠	9♥	8♦	4♣
Y	9♦	8♣	6♣	4♦	6♦	4♥
Z	9♣	7♥	10♦	J♦	9♠	7♣

	1	2	3	4	5	Pair
A	8♠	2♥	Q♣	6♥	5♣	6♠
B	A♦	9♥	6♦	4♦	Q♠	4♣
C	6♣	6♠	7♣	A♠	K♠	4♠
D	3♣	3♥	9♠	7♠	Q♠	10♥
E	K♥	6♥	A♥	K♦	10♣	2♦
F	7♠	J♣	2♣	3♥	4♣	J♦
G	K♦	2♠	8♠	A♣	Q♣	9♠
H	4♣	9♣	2♣	8♣	J♣	7♠

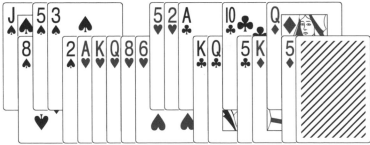

	1	2	3	4	5

	1	2	3	4	5	Pair
I	2♠	2♥	J♥	6♦	A♠	J♦
J	8♣	7♦	6♥	K♠	7♣	8♦
K	Q♥	6♣	9♦	9♥	9♠	A♦
L	3♠	K♥	5♣	A♣	K♦	J♣
M	2♠	4♥	9♣	3♣	J♥	Q♥
N	6♣	A♠	8♥	J♠	2♥	6♥
O	A♥	6♠	10♣	K♥	4♦	J♣
P	10♦	3♣	7♦	4♥	9♣	8♦
Q	9♦	J♠	3♥	5♠	J♦	J♥
R	6♣	2♠	K♣	K♠	2♥	10♦
S	A♣	A♥	Q♣	4♠	10♣	8♠
T	5♠	4♣	5♥	J♣	3♣	2♥
U	J♠	9♠	K♣	8♥	3♥	6♣
V	A♦	5♠	4♥	4♣	J♦	2♦
W	8♥	Q♦	2♠	Q♥	5♥	K♣
X	6♥	9♥	2♦	6♣	10♣	J♦
Y	2♠	J♣	9♠	2♥	5♥	K♣
Z	A♦	3♥	6♣	5♠	8♥	10♦

	1	2	3	4	5	Pair
A	Q♠	7♠	2♣	K♦	A♥	A♦
B	9♦	A♠	J♥	6♥	9♠	J♦
C	9♥	K♣	5♥	Q♥	7♣	A♦
D	9♣	J♥	9♠	3♥	6♣	A♠
E	7♣	10♦	J♠	J♣	6♦	7♦
F	K♣	8♣	3♥	A♠	9♦	6♣
G	J♣	10♦	4♥	Q♥	2♥	J♦
H	9♥	Q♦	5♠	8♣	J♠	K♠

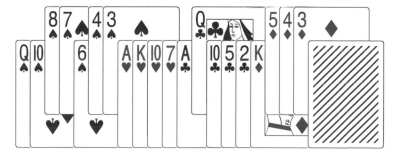

	1	2	3	4	5

	1	2	3	4	5	Pair
A	K♥	3♣	8♥	A♦	J♥	9♣
B	6♥	A♥	9♥	8♣	10♣	3♦
C	Q♦	8♠	2♠	10♠	9♣	2♣
D	9♥	7♣	10♦	8♦	4♠	9♠
E	6♣	4♦	7♥	J♦	3♥	10♣
F	6♥	3♣	A♥	7♣	3♠	9♣
G	K♠	A♦	Q♥	10♣	2♣	8♠
H	8♣	A♥	2♠	9♠	5♣	8♥

	1	2	3	4	5	Pair
I	4♠	7♣	8♠	10♣	10♠	8♦
J	10♦	2♥	3♣	3♦	6♠	8♣
K	10♠	5♠	Q♦	4♥	2♣	10♣
L	3♠	6♥	J♣	2♠	8♠	9♣
M	K♥	8♣	8♥	8♦	9♠	4♥
N	5♣	Q♦	3♠	J♣	A♦	2♠
O	6♠	8♠	Q♥	9♣	K♣	3♦
P	2♠	A♥	5♠	4♥	5♣	A♦
Q	7♣	2♥	8♣	6♥	8♥	9♣
R	K♣	K♠	J♣	5♣	4♠	9♥
S	9♦	5♥	7♦	6♣	A♠	5♠
T	4♣	K♦	J♦	A♣	5♦	J♣
U	Q♦	4♥	2♣	K♥	J♥	3♦
V	8♥	2♠	J♣	4♠	2♥	5♣
W	4♥	3♣	2♣	3♦	Q♥	A♦
X	J♣	10♠	6♥	Q♦	3♠	9♠
Y	9♦	5♥	4♣	7♥	J♠	5♠
Z	2♦	J♦	A♠	Q♣	7♠	4♠

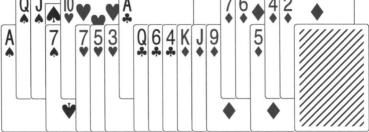

	1	2	3	4	5

	1	2	3	4	5	Pair
I	3♠	J♥	Q♥	7♣	A♠	6♣
J	8♥	6♠	K♦	A♥	4♠	Q♠
K	2♦	Q♦	2♥	J♦	5♥	K♣
L	K♠	4♠	5♠	2♣	3♠	4♣
M	6♣	6♦	9♥	2♥	3♣	3♥
N	10♦	7♦	8♠	Q♦	A♥	K♣
O	J♣	Q♣	J♠	8♥	9♥	6♦
P	Q♦	A♣	7♦	8♠	10♣	4♣
Q	A♥	9♥	3♥	5♥	8♥	6♦
R	K♥	10♦	A♦	7♦	J♠	2♦
S	Q♦	J♦	8♦	8♣	7♥	5♥
T	3♣	A♦	9♥	A♣	7♦	K♦
U	8♥	J♣	10♣	8♣	6♠	7♥
V	A♥	K♥	3♣	9♥	K♦	A♦
W	Q♣	8♥	7♦	4♣	7♥	8♦
X	10♣	10♦	2♦	6♠	6♣	2♥
Y	7♦	J♦	K♥	7♥	5♥	Q♠
Z	6♣	6♦	J♣	9♥	8♠	A♥

	1	2	3	4	5	Pair
A	K♣	J♦	2♥	7♥	J♣	10♣
B	5♣	4♦	10♥	3♠	A♠	10♠
C	6♣	8♦	A♣	J♦	4♣	2♥
D	10♦	Q♠	9♦	K♥	2♦	J♠
E	4♦	5♠	3♠	5♦	7♠	J♦
F	9♦	8♦	2♥	K♣	K♥	2♦
G	7♦	Q♦	6♣	3♥	J♠	Q♣
H	10♦	J♣	10♣	8♣	A♦	9♦

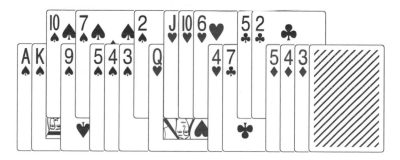

	1	2	3	4	5

	1	2	3	4	5	Pair
I	5♣	9♣	6♠	2♥	J♣	7♣
J	6♦	A♥	A♦	4♣	10♠	Q♦
K	7♣	2♦	A♠	J♥	8♥	5♠
L	6♥	4♣	3♠	7♥	10♦	9♣
M	9♠	7♣	K♣	K♦	9♥	A♥
N	7♣	2♦	6♠	7♥	4♦	A♠
O	6♣	Q♣	8♦	Q♥	Q♠	10♦
P	4♥	2♦	J♠	A♥	A♣	7♣
Q	2♣	3♦	Q♦	J♥	5♠	9♣
R	6♣	Q♠	8♣	Q♣	3♦	A♥
S	10♥	8♠	2♥	8♥	4♦	A♦
T	A♣	K♥	2♣	7♠	9♣	5♠
U	A♠	J♥	4♥	10♠	6♦	A♥
V	10♥	8♠	2♣	J♠	Q♥	5♠
W	A♥	A♠	4♥	J♣	8♥	9♦
X	5♣	A♠	4♣	3♣	J♠	9♣
Y	3♥	9♥	7♠	5♥	Q♣	8♠
Z	3♠	3♣	10♥	6♥	9♣	2♦

	1	2	3	4	5	Pair
A	K♦	K♠	6♣	4♠	3♥	J♦
B	5♠	A♣	9♦	2♥	8♠	8♥
C	2♦	10♥	10♠	7♥	3♣	5♣
D	J♣	2♣	A♠	3♠	A♦	9♣
E	8♥	Q♦	4♣	4♥	9♦	5♣
F	10♥	6♦	J♥	K♥	J♣	3♠
G	A♥	10♠	4♦	10♦	5♠	J♠
H	9♦	3♠	6♦	K♥	A♠	4♣

	1	2	3	4	5

	1	2	3	4	5	Pair
I	3♠	K♦	6♦	K♣	8♣	6♣
J	2♣	3♥	A♠	6♠	5♥	9♣
K	6♣	K♥	10♥	4♣	6♥	10♦
L	10♠	7♣	2♣	9♥	2♦	8♦
M	3♠	4♥	4♦	A♦	Q♥	7♠
N	7♣	Q♠	9♣	A♥	4♣	8♦
O	K♣	4♥	K♦	8♠	Q♦	5♦
P	2♥	Q♣	4♦	5♠	Q♥	A♣
Q	2♣	9♦	4♣	7♠	A♠	5♦
R	10♥	K♠	8♠	5♠	3♠	2♦
S	7♦	9♠	6♠	10♠	4♣	7♠
T	4♠	9♣	2♦	J♥	J♠	8♦
U	10♣	A♠	6♥	A♥	7♦	9♦
V	8♥	3♥	9♥	10♦	7♠	9♣
W	9♠	4♣	2♣	2♦	6♥	10♥
X	7♣	6♠	10♣	K♥	7♦	A♠
Y	8♦	Q♠	A♥	8♥	J♠	9♥
Z	9♠	3♦	2♦	A♣	3♥	6♥

	1	2	3	4	5	Pair
A	7♣	2♦	6♥	5♦	6♠	9♥
B	2♣	9♠	7♦	8♥	10♠	4♠
C	7♣	Q♦	3♥	7♠	K♥	J♠
D	5♣	6♥	9♥	6♣	10♣	9♠
E	Q♠	7♣	3♥	6♠	9♣	A♣
F	4♠	7♣	5♦	8♥	5♥	2♦
G	6♥	5♣	A♠	9♠	A♣	9♣
H	5♦	3♥	4♣	Q♠	8♦	10♠

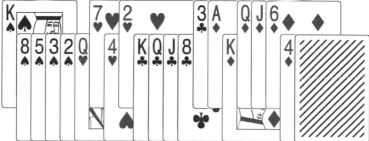

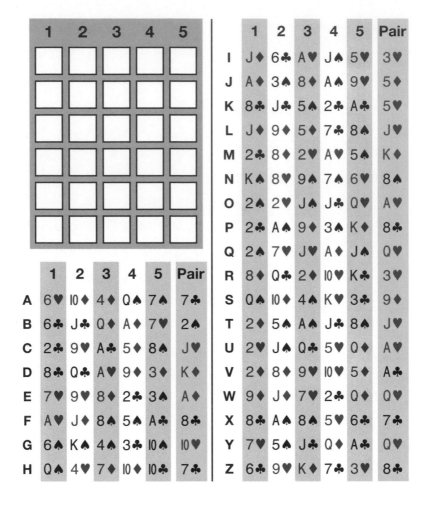

	1	2	3	4	5	Pair
I	J♦	6♣	A♥	J♠	5♥	3♥
J	A♠	3♠	8♦	A♠	9♥	5♦
K	8♣	J♣	5♠	2♣	A♣	5♥
L	J♦	9♦	5♦	7♣	8♠	J♥
M	2♣	8♦	2♥	A♥	5♠	K♦
N	K♠	8♥	9♠	7♠	6♥	8♠
O	2♠	2♥	J♠	J♣	Q♥	A♥
P	2♣	A♠	9♦	3♠	K♦	8♣
Q	2♠	7♥	J♥	A♦	J♠	Q♥
R	8♦	Q♣	2♦	10♥	K♣	3♥
S	Q♠	10♦	4♠	K♥	3♣	9♦
T	2♦	5♠	A♠	J♣	8♠	J♥
U	2♥	J♠	Q♣	5♥	Q♦	A♥
V	2♦	8♦	9♥	10♥	5♦	A♣
W	9♦	J♦	7♥	2♣	Q♦	Q♥
X	8♣	A♠	8♠	5♥	6♣	7♣
Y	7♥	5♠	J♣	Q♦	A♣	Q♥
Z	6♣	9♥	K♦	7♣	3♥	8♣

	1	2	3	4	5	Pair
A	6♥	10♦	4♦	Q♠	7♠	7♣
B	6♣	J♣	Q♦	A♦	7♥	2♠
C	2♣	9♥	A♣	5♦	8♠	J♥
D	8♣	Q♣	A♥	9♦	3♦	K♦
E	7♥	9♥	8♦	2♣	3♠	A♦
F	A♥	J♦	8♠	5♠	A♣	8♣
G	6♠	K♠	4♠	3♣	10♠	10♥
H	Q♠	4♥	7♦	10♦	10♣	7♣

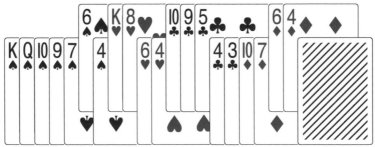

	1	2	3	4	5

	1	2	3	4	5	Pair
I	7♣	6♦	7♦	10♥	5♥	A♣
J	J♠	9♥	7♥	7♠	J♣	4♠
K	K♦	J♥	10♦	Q♥	9♦	3♦
L	K♣	J♣	K♠	6♣	3♣	K♥
M	10♦	3♥	2♠	9♠	9♥	4♠
N	7♠	J♥	J♠	K♦	A♠	8♥
O	A♣	9♠	2♠	4♥	Q♠	2♦
P	K♦	7♥	Q♥	K♠	J♠	K♣
Q	J♣	2♦	9♦	7♠	9♠	10♦
R	2♣	A♥	7♦	7♣	2♥	7♥
S	K♥	J♠	K♣	K♦	9♠	3♣
T	J♥	2♦	8♣	J♣	2♠	A♠
U	Q♣	4♦	9♦	10♣	8♥	Q♥
V	4♠	Q♠	9♠	3♥	7♥	J♠
W	A♠	4♥	Q♣	J♣	10♦	4♦
X	J♠	3♦	K♣	Q♦	9♣	9♦
Y	10♣	4♦	4♥	9♥	7♠	K♦
Z	K♥	9♦	3♥	A♠	9♣	J♣

	1	2	3	4	5	Pair
A	2♣	7♣	4♣	6♦	A♥	K♦
B	9♠	2♠	8♥	J♠	A♠	7♠
C	6♥	J♦	5♥	10♠	A♥	7♥
D	Q♥	3♣	7♠	J♣	J♠	J♥
E	4♦	6♣	3♥	K♠	7♥	Q♣
F	4♠	9♠	K♣	Q♥	9♣	9♦
G	Q♦	3♣	7♥	J♠	Q♠	2♠
H	6♠	5♣	10♠	A♦	5♠	3♦

	1	2	3	4	5

	1	2	3	4	5	Pair
A	6♥	Q♦	5♦	2♠	7♥	5♥
B	8♥	9♦	8♦	10♦	K♥	10♥
C	9♥	7♠	Q♠	A♦	A♥	5♥
D	9♦	2♦	6♣	8♥	10♠	7♥
E	10♥	Q♦	7♠	7♣	8♦	A♥
F	4♦	4♠	9♣	5♠	6♠	6♣
G	10♥	5♥	7♠	4♣	8♠	J♥
H	Q♠	2♦	10♠	9♥	7♣	K♣

	1	2	3	4	5	Pair
I	4♣	7♠	A♦	8♥	10♣	8♠
J	2♦	Q♠	10♠	9♠	J♥	9♦
K	J♠	5♦	2♠	8♠	10♦	5♥
L	9♦	A♦	7♥	Q♦	2♥	J♥
M	A♥	5♦	8♦	A♣	2♦	5♣
N	Q♣	K♠	4♠	A♠	J♦	6♥
O	6♠	3♠	8♣	J♣	4♥	J♠
P	Q♠	2♦	5♥	Q♦	6♣	5♦
Q	8♥	7♠	8♦	10♠	A♥	7♥
R	9♦	2♠	10♣	10♥	10♦	4♣
S	5♦	2♥	A♦	K♥	Q♠	7♠
T	9♣	J♦	Q♥	6♠	3♦	6♥
U	5♠	2♣	7♦	J♣	4♠	8♠
V	10♣	2♦	7♥	K♣	10♦	5♦
W	A♣	7♠	9♥	Q♦	A♦	10♠
X	8♠	5♥	10♣	7♣	2♠	Q♠
Y	10♠	A♣	4♣	10♦	J♥	9♠
Z	A♥	10♣	10♥	6♥	2♦	7♠

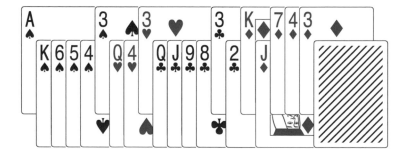

	1	2	3	4	5

	1	2	3	4	5	Pair
I	K♦	2♠	10♦	8♦	A♣	J♦
J	3♠	4♥	A♠	2♥	5♥	7♠
K	2♣	6♥	J♦	8♥	9♣	J♣
L	K♥	Q♣	4♣	9♦	J♥	7♣
M	2♥	J♦	3♣	Q♠	10♣	2♦
N	7♥	9♥	8♥	7♣	8♠	5♥
O	4♠	2♥	Q♦	K♣	3♣	A♦
P	A♣	10♠	2♠	10♦	K♦	6♦
Q	5♠	4♥	Q♥	Q♦	3♣	2♥
R	3♦	9♥	6♦	8♠	3♠	2♦
S	5♦	J♥	K♥	2♠	10♥	J♠
T	A♣	K♦	4♦	7♦	6♠	Q♦
U	A♠	4♥	2♦	7♥	6♦	J♣
V	10♣	2♣	6♣	K♣	5♠	3♦
W	J♣	Q♠	8♥	A♦	6♦	J♠
X	6♥	2♣	J♦	Q♦	7♥	2♦
Y	A♦	K♠	4♥	10♣	A♠	5♠
Z	6♦	Q♠	8♠	7♥	2♣	3♠

	1	2	3	4	5	Pair
A	J♣	9♥	J♠	2♦	7♠	3♠
B	5♥	9♠	Q♦	10♣	5♠	K♣
C	2♦	7♣	6♥	4♠	7♥	K♠
D	9♥	2♣	A♠	Q♠	Q♦	9♠
E	5♥	2♦	6♥	6♣	10♣	K♣
F	3♦	6♦	2♥	Q♥	8♠	8♥
G	7♠	3♣	2♣	J♦	Q♠	A♦
H	A♠	3♠	6♦	10♣	2♥	7♥

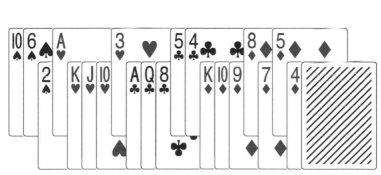

	1	2	3	4	5

	1	2	3	4	5	Pair
A	7♥	8♦	8♠	9♥	K♣	3♣
B	4♥	6♥	3♥	6♦	5♠	2♥
C	J♥	8♣	2♦	7♥	8♠	A♠
D	8♠	K♣	Q♣	9♥	7♠	Q♥
E	5♠	4♥	Q♦	K♥	A♦	K♠
F	A♠	9♣	6♦	Q♣	8♦	Q♥
G	K♠	6♣	Q♦	K♦	4♥	5♠
H	2♥	3♣	8♠	7♥	J♣	8♣

	1	2	3	4	5	Pair
I	10♠	5♦	5♥	9♠	2♣	A♦
J	5♠	6♥	8♠	K♦	K♠	10♦
K	K♥	8♦	7♥	J♥	4♥	9♥
L	Q♥	A♠	2♣	6♣	J♦	6♥
M	2♥	3♥	Q♣	A♦	10♦	Q♣
N	J♠	6♠	4♠	3♠	4♦	J♥
O	8♦	8♣	5♣	2♠	K♦	3♥
P	3♣	K♠	Q♦	6♣	Q♣	J♥
Q	3♦	8♥	9♠	4♣	2♣	A♦
R	7♠	Q♦	Q♠	8♣	J♦	2♥
S	2♠	Q♣	8♦	8♠	K♦	6♣
T	4♠	2♣	4♣	5♦	10♣	10♦
U	9♠	A♣	J♠	6♠	10♠	9♥
V	8♣	A♠	5♣	2♠	2♦	J♣
W	5♠	K♠	6♥	9♥	Q♦	A♦
X	J♦	Q♠	2♠	6♦	K♣	9♠
Y	9♥	A♦	8♠	3♣	J♣	A♠
Z	10♦	6♥	Q♦	J♦	9♣	Q♣

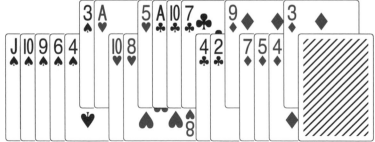

	1	2	3	4	5

	1	2	3	4	5	Pair
A	J♠	10♥	Q♣	6♠	8♥	7♥
B	9♣	J♣	Q♥	A♦	K♠	5♥
C	10♣	4♥	9♦	2♠	6♣	J♠
D	K♣	8♥	7♠	J♥	A♦	10♠
E	2♥	5♥	5♣	Q♦	J♠	6♥
F	J♥	10♥	J♣	10♠	3♥	9♣
G	8♦	7♥	3♣	8♣	K♣	A♣
H	6♥	5♥	4♠	A♠	Q♠	Q♦

	1	2	3	4	5	Pair
I	8♦	6♠	2♥	J♦	K♠	9♣
J	6♥	8♣	5♥	4♠	Q♦	10♠
K	2♣	5♠	3♠	10♦	2♠	8♦
L	5♥	J♣	K♠	A♦	9♣	7♣
M	6♠	Q♦	Q♣	8♣	Q♥	A♣
N	7♥	7♣	8♦	K♠	9♣	K♣
O	9♥	5♦	A♥	2♠	4♥	5♥
P	5♣	A♦	7♣	9♣	6♥	A♠
Q	K♣	7♠	7♥	4♠	Q♦	8♥
R	4♣	A♥	K♥	9♥	2♠	5♣
S	J♣	9♣	8♥	Q♣	7♥	J♥
T	7♣	J♠	J♦	A♠	6♥	9♠
U	8♥	10♠	3♥	7♥	4♠	3♣
V	J♣	A♦	J♠	6♠	5♥	2♥
W	Q♣	5♣	Q♥	3♥	8♣	J♥
X	7♠	A♠	7♥	J♠	3♦	8♥
Y	10♣	2♠	7♦	6♣	8♠	8♣
Z	4♠	K♠	J♠	7♠	5♥	8♦

	1	2	3	4	5

	1	2	3	4	5	Pair
A	9♣	2♠	2♣	10♦	K♦	J♠
B	3♠	Q♣	5♥	4♠	A♣	A♠
C	10♠	7♠	9♥	A♥	J♠	2♥
D	J♣	7♥	4♥	6♣	2♦	J♦
E	Q♦	5♣	3♣	2♠	J♥	10♠
F	A♣	3♠	J♠	10♥	A♥	5♥
G	2♦	K♣	6♦	6♣	6♥	3♦
H	J♣	9♠	10♥	A♥	3♥	9♦

	1	2	3	4	5	Pair
I	J♠	5♠	2♥	A♠	8♥	6♦
J	5♥	10♠	4♠	A♣	9♠	A♥
K	6♦	J♣	3♦	5♠	Q♣	A♦
L	10♠	7♥	7♠	J♦	9♠	2♥
M	7♣	5♣	4♣	5♦	J♥	8♥
N	10♠	9♥	J♠	2♠	A♦	K♠
O	K♣	7♥	2♥	K♥	4♠	4♥
P	A♦	8♥	J♣	Q♣	6♣	5♠
Q	6♦	J♠	6♥	10♠	A♣	7♠
R	7♣	2♠	Q♠	9♣	10♣	A♥
S	8♠	4♣	J♥	8♣	5♦	6♦
T	5♥	K♠	3♦	3♥	7♠	J♦
U	A♣	6♣	9♥	K♣	7♥	8♦
V	6♦	A♦	K♠	6♥	K♥	A♥
W	2♦	A♣	A♠	7♠	J♣	4♠
X	8♥	9♠	3♦	A♥	9♦	6♣
Y	A♦	J♣	9♥	K♣	7♠	3♠
Z	9♠	8♥	J♠	K♥	Q♣	5♥

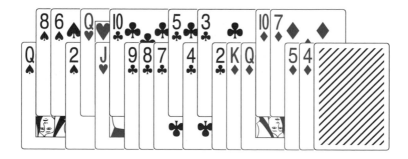

	1	2	3	4	5

	1	2	3	4	5	Pair
I	2♠	4♦	10♣	5♣	J♠	6♠
J	A♣	10♠	7♣	3♦	A♥	2♥
K	5♦	J♠	3♥	4♦	10♦	6♥
L	7♦	2♠	9♥	A♠	J♣	2♥
M	2♦	9♠	10♠	5♣	3♦	4♦
N	5♠	8♦	10♥	J♣	2♥	10♦
O	A♠	5♦	A♦	10♠	Q♦	7♠
P	6♠	3♥	5♠	2♠	2♥	2♦
Q	9♥	10♠	Q♠	J♣	7♦	A♥
R	4♦	5♣	A♠	A♦	6♥	7♠
S	3♠	4♣	9♠	Q♣	8♠	5♦
T	4♥	K♠	8♣	2♣	4♠	8♦
U	5♠	6♦	3♥	10♥	6♠	9♠
V	7♣	2♦	5♣	J♣	Q♦	4♦
W	10♣	Q♠	J♠	3♦	5♦	2♥
X	2♦	7♣	A♠	Q♦	7♠	3♥
Y	7♥	A♣	4♦	6♠	8♦	7♦
Z	J♣	10♦	J♦	3♥	5♦	J♠

	1	2	3	4	5	Pair
A	4♥	8♥	3♣	8♣	Q♥	6♥
B	7♣	A♠	J♠	6♠	10♦	J♦
C	A♦	5♠	8♦	7♦	10♥	5♣
D	2♦	J♠	10♠	A♠	3♦	Q♠
E	5♥	Q♣	8♠	4♥	K♣	4♦
F	A♦	9♠	7♠	2♦	6♥	J♦
G	J♣	7♣	6♦	10♠	2♥	A♣
H	J♥	8♠	4♣	K♠	Q♣	7♠

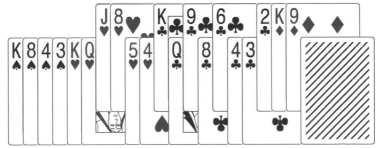

	1	2	3	4	5

	1	2	3	4	5	Pair
I	A♣	Q♠	A♠	7♥	3♥	J♠
J	7♠	8♠	5♦	8♣	5♠	Q♥
K	7♣	A♣	5♣	Q♦	10♣	10♥
L	A♠	3♣	J♠	5♠	7♠	2♣
M	4♦	6♥	A♣	8♠	10♥	Q♦
N	9♦	2♣	2♦	K♥	J♠	5♠
O	4♥	10♠	6♠	6♦	4♣	4♦
P	9♦	7♠	Q♥	6♥	J♦	5♠
Q	2♣	3♥	8♠	4♠	4♦	8♦
R	7♦	5♦	9♦	2♦	10♣	5♣
S	4♠	2♣	7♣	8♦	8♣	3♦
T	8♠	K♣	9♦	7♥	10♣	3♣
U	Q♣	A♣	2♣	3♦	5♣	5♠
V	K♣	2♦	4♦	7♥	8♦	K♥
W	7♦	J♦	Q♣	10♥	A♣	3♣
X	Q♠	8♦	2♦	A♥	A♠	J♠
Y	J♣	6♣	6♦	9♠	8♥	3♥
Z	9♦	10♣	7♦	Q♥	7♣	2♦

	1	2	3	4	5	Pair
A	5♠	9♦	5♣	8♦	J♦	2♣
B	K♦	A♦	9♠	2♥	4♥	6♥
C	3♣	K♥	Q♥	2♣	7♠	5♦
D	8♣	4♠	3♦	K♣	8♦	7♦
E	5♥	A♦	4♣	K♠	6♣	8♠
F	A♥	9♦	Q♠	7♦	3♦	K♣
G	6♦	J♥	10♦	2♥	5♥	3♥
H	3♦	K♥	7♣	7♠	A♥	8♣

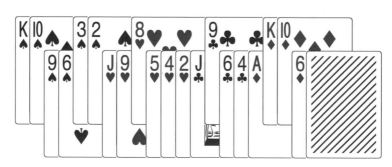

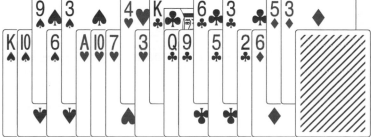

	1	2	3	4	5

	1	2	3	4	5	Pair
I	K♥	10♣	Q♥	9♦	9♥	4♣
J	5♥	10♦	8♠	2♠	8♥	8♣
K	J♠	10♣	7♠	9♥	J♣	A♠
L	9♣	Q♣	K♠	5♣	3♠	8♣
M	7♠	10♣	4♠	8♦	8♥	6♥
N	5♥	8♠	5♠	Q♦	A♦	J♥
O	9♦	K♦	Q♥	2♦	7♣	A♠
P	J♣	Q♠	7♠	J♥	7♦	5♥
Q	6♥	2♦	A♣	J♠	9♦	Q♥
R	5♠	4♦	7♠	J♥	2♥	J♦
S	5♣	7♥	6♣	10♠	6♠	8♦
T	5♥	2♦	J♦	Q♥	9♦	A♦
U	A♣	7♠	7♣	8♣	Q♠	8♠
V	J♥	6♥	J♦	Q♦	2♦	9♥
W	A♦	K♥	2♠	Q♠	5♠	7♣
X	7♦	4♣	2♥	Q♥	9♦	J♦
Y	8♦	J♠	A♦	8♥	Q♦	8♠
Z	7♠	2♠	4♠	9♦	Q♠	4♣

	1	2	3	4	5	Pair
A	A♥	9♠	Q♣	9♣	7♥	8♣
B	J♦	5♠	10♦	Q♥	8♥	2♠
C	8♦	A♣	J♠	4♠	K♦	J♥
D	8♥	7♠	10♦	J♦	A♠	6♥
E	3♣	A♥	2♣	K♣	10♥	4♥
F	10♦	J♣	8♠	2♦	A♣	J♦
G	4♣	7♠	7♣	A♠	Q♠	Q♥
H	2♠	2♦	J♣	6♥	5♠	K♦

47

	1	2	3	4	5

	1	2	3	4	5	Pair
I	5♠	10♦	10♣	7♥	K♠	Q♣
J	2♣	6♣	5♥	3♠	A♦	4♦
K	7♥	4♣	J♣	K♠	10♦	2♦
L	9♥	4♠	K♥	4♥	7♣	K♣
M	K♦	A♦	8♥	3♠	2♠	3♣
N	9♠	4♥	J♥	10♥	3♥	6♦
O	2♣	K♠	J♣	5♦	2♥	6♥
P	2♠	5♥	6♦	A♣	6♣	Q♣
Q	8♥	4♣	7♥	9♦	10♦	K♦
R	5♥	A♠	J♠	2♠	K♣	Q♠
S	6♠	7♥	4♣	3♠	A♦	2♦
T	K♠	A♣	Q♠	8♥	Q♦	2♠
U	9♦	2♣	5♠	4♦	10♦	4♣
V	Q♣	5♥	6♠	Q♦	J♠	10♣
W	6♦	3♣	10♦	2♣	6♥	A♣
X	4♣	A♠	K♠	J♣	6♣	9♦
Y	Q♠	5♥	8♥	6♥	6♠	7♥
Z	10♣	3♠	4♦	5♦	2♣	10♦

	1	2	3	4	5	Pair
A	Q♥	9♠	8♦	J♦	J♥	Q♦
B	5♦	10♣	3♠	5♥	K♠	2♥
C	8♥	5♠	4♦	Q♣	7♠	6♦
D	9♥	9♠	7♣	J♥	7♦	5♥
E	10♦	4♦	3♣	6♠	A♠	A♦
F	8♥	2♠	J♣	Q♠	A♣	10♣
G	8♠	8♣	7♣	3♥	4♥	5♦
H	A♣	5♥	6♠	Q♦	2♥	K♣

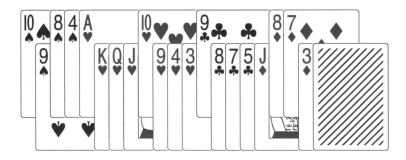

	1	2	3	4	5

	1	2	3	4	5	Pair
I	6♦	6♥	9♣	J♦	5♣	7♠
J	K♣	2♠	8♦	10♥	K♠	6♣
K	2♦	5♦	4♠	10♦	K♦	2♣
L	9♠	A♦	Q♥	8♥	3♣	7♠
M	9♥	3♦	K♠	7♥	J♣	Q♦
N	9♦	5♣	A♥	9♠	7♦	10♦
O	Q♦	3♥	K♠	K♣	10♣	J♥
P	8♣	J♣	4♠	6♠	2♣	7♣
Q	4♣	3♦	9♥	10♠	8♦	2♦
R	K♠	J♣	A♣	3♠	5♦	7♥
S	10♣	3♦	2♠	7♠	2♣	J♠
T	K♦	3♠	K♠	4♣	6♠	7♥
U	10♣	K♣	8♠	4♦	3♥	7♣
V	K♥	A♦	5♣	9♣	6♦	4♠
W	7♥	3♥	2♥	6♣	9♥	Q♦
X	4♦	7♣	7♠	10♦	5♦	K♠
Y	8♥	J♦	9♦	Q♠	9♠	A♣
Z	10♣	J♣	2♦	4♣	2♠	7♣

	1	2	3	4	5	Pair
A	3♠	8♣	4♦	Q♦	7♠	J♥
B	4♣	7♥	4♠	3♦	6♠	K♦
C	6♣	3♠	2♣	7♠	9♥	10♥
D	8♣	Q♦	A♣	2♥	J♣	2♦
E	2♠	10♥	6♠	9♥	3♥	J♣
F	3♦	K♦	10♠	A♣	8♦	J♥
G	2♣	4♠	6♠	7♠	10♥	K♣
H	3♠	K♠	J♠	K♦	2♦	8♣

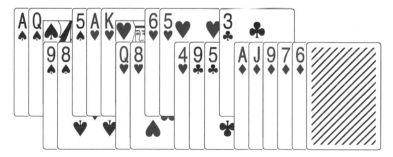

49

1	2	3	4	5

	1	2	3	4	5	Pair
I	4♥	5♥	Q♣	A♥	8♦	4♠
J	A♠	J♥	3♦	7♠	9♥	K♣
K	7♥	2♣	4♠	Q♦	4♥	A♦
L	A♠	4♦	6♦	9♠	Q♠	8♦
M	K♣	A♦	J♠	2♣	9♦	J♣
N	7♣	8♣	5♣	2♥	9♣	5♠
O	2♦	6♥	5♦	8♠	K♦	10♥
P	5♥	Q♥	6♠	Q♦	3♦	A♦
Q	6♦	K♣	9♠	9♦	10♠	4♥
R	K♦	3♣	2♥	5♣	6♣	8♥
S	K♣	J♣	7♠	5♥	A♥	Q♦
T	7♦	6♦	Q♥	4♥	3♦	Q♣
U	J♠	A♠	2♣	10♠	Q♠	A♦
V	8♦	5♥	7♠	4♠	Q♦	Q♣
W	J♦	J♣	Q♠	A♠	3♦	4♦
X	J♠	2♣	8♦	Q♣	J♥	9♦
Y	J♦	7♦	J♣	4♦	Q♠	5♥
Z	5♠	4♠	8♥	8♦	A♥	10♥

	1	2	3	4	5	Pair
A	8♣	2♠	8♠	K♥	10♣	5♠
B	J♠	10♠	K♣	J♣	4♦	Q♥
C	9♦	6♦	6♠	10♦	8♦	Q♦
D	7♦	Q♠	A♠	Q♣	10♥	A♥
E	2♣	J♥	10♦	J♣	4♦	4♠
F	7♦	6♦	A♥	3♦	J♦	5♥
G	K♠	K♦	5♣	2♦	8♠	J♣
H	J♠	6♦	K♣	8♥	9♥	Q♥

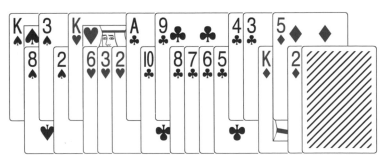

	1	2	3	4	5

	1	2	3	4	5	Pair
I	7♥	5♥	Q♣	J♠	K♠	J♥
J	7♠	6♠	9♠	K♥	6♥	A♠
K	4♣	9♥	8♣	J♣	2♥	7♣
L	A♠	K♣	J♥	4♥	6♠	Q♦
M	J♣	8♣	10♠	5♣	10♥	Q♥
N	A♠	6♥	7♠	Q♦	2♥	4♣
O	K♥	7♣	K♦	5♣	4♥	J♥
P	10♠	9♥	J♣	10♣	9♠	2♥
Q	5♣	A♦	Q♥	K♦	9♣	Q♦
R	J♥	10♦	2♥	3♠	A♠	6♠
S	10♥	4♣	A♦	8♥	Q♦	K♣
T	A♥	Q♣	3♥	J♠	8♠	2♥
U	4♦	7♣	Q♥	7♠	Q♠	9♠
V	8♣	J♣	10♦	2♥	K♣	5♠
W	10♥	8♦	4♣	6♣	5♣	9♠
X	J♥	9♥	2♥	K♥	6♥	7♠
Y	A♥	6♦	Q♣	7♥	7♦	8♣
Z	2♠	5♦	A♣	J♦	J♠	10♣

	1	2	3	4	5	Pair
A	9♣	A♣	4♦	6♣	J♣	2♥
B	7♠	9♠	A♠	10♥	3♠	K♥
C	9♥	10♠	Q♦	8♥	10♦	2♥
D	2♣	6♦	2♠	Q♣	3♠	4♥
E	3♠	K♣	10♣	6♣	6♠	Q♥
F	9♣	K♦	J♣	4♣	9♠	K♥
G	8♦	6♣	7♠	4♥	7♣	10♠
H	10♣	K♥	Q♥	9♣	5♠	6♠

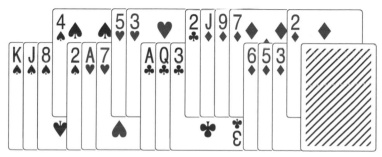

51

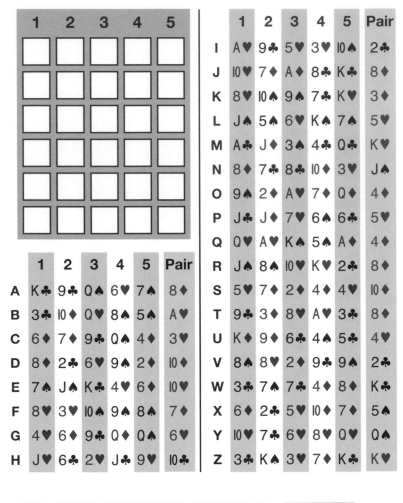

	1	2	3	4	5	Pair
I	A♥	9♣	5♥	3♥	10♠	2♣
J	10♥	7♦	A♦	8♣	K♣	8♦
K	8♥	10♠	9♠	7♣	K♥	3♦
L	J♠	5♠	6♥	K♠	7♠	5♥
M	A♣	J♦	3♠	4♣	Q♣	K♥
N	8♦	7♣	8♣	10♦	3♥	J♠
O	9♠	2♦	A♥	7♦	Q♥	4♦
P	J♠	J♦	7♥	6♠	6♣	5♥
Q	Q♥	A♥	K♠	5♠	A♠	4♦
R	J♠	8♠	10♥	K♥	2♣	8♦
S	5♥	7♦	2♣	4♦	4♥	10♣
T	9♣	3♦	8♥	A♥	3♣	8♦
U	K♦	9♦	6♣	4♠	5♣	4♥
V	8♠	8♥	2♦	9♣	9♠	2♣
W	3♣	7♠	7♣	4♦	8♦	K♣
X	6♦	2♣	5♥	10♦	7♦	5♠
Y	10♥	7♣	6♥	8♥	Q♥	Q♠
Z	3♣	K♠	3♥	7♦	K♣	K♥

	1	2	3	4	5	Pair
A	K♣	9♣	Q♠	6♥	7♠	8♦
B	3♣	10♦	Q♥	8♠	5♠	A♥
C	6♦	7♦	9♣	Q♠	4♦	3♥
D	8♦	2♣	6♥	9♠	2♦	10♦
E	7♠	J♠	K♣	4♥	6♦	10♥
F	8♥	3♥	10♠	9♠	8♠	7♦
G	4♥	6♦	9♣	Q♦	Q♠	6♥
H	J♥	6♣	2♥	J♣	9♥	10♣

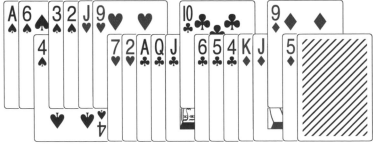

	1	2	3	4	5

	1	2	3	4	5	Pair
I	A♣	Q♦	J♦	4♠	6♦	A♠
J	5♦	J♠	4♣	3♥	7♦	4♦
K	5♥	J♥	10♣	6♥	5♠	2♣
L	K♥	Q♠	5♣	3♥	J♠	7♥
M	8♣	10♦	3♦	8♦	2♣	9♦
N	K♣	7♠	9♥	Q♦	6♠	4♣
O	7♥	5♠	Q♠	J♠	10♣	5♥
P	7♣	A♠	5♣	8♠	4♦	8♦
Q	6♥	2♠	3♥	5♦	10♣	5♥
R	J♥	4♦	8♦	J♠	7♣	A♠
S	K♥	5♦	10♣	5♥	4♣	Q♥
T	J♦	K♠	6♠	6♦	Q♣	9♠
U	6♣	A♥	K♣	9♥	10♥	5♣
V	Q♥	10♣	K♦	7♦	2♥	3♦
W	J♥	5♠	9♠	2♠	J♠	9♣
X	5♥	2♦	8♦	A♠	8♥	3♦
Y	8♣	Q♠	J♥	Q♥	6♥	9♠
Z	10♣	7♦	3♥	8♠	8♦	5♥

	1	2	3	4	5	Pair
A	8♣	7♥	9♦	2♥	9♠	4♣
B	A♠	Q♠	3♥	5♠	6♥	2♠
C	8♥	9♣	4♣	7♦	7♣	8♦
D	2♦	J♥	5♦	5♥	9♦	7♥
E	J♠	9♠	5♠	Q♠	7♥	2♣
F	A♣	A♥	4♥	10♥	K♣	4♣
G	4♦	5♦	A♠	10♦	K♥	9♦
H	10♣	7♥	K♦	J♥	3♦	8♥

	1	2	3	4	5

	1	2	3	4	5	Pair
A	9♣	K♣	6♦	2♦	7♠	Q♦
B	A♥	7♦	J♠	Q♣	6♥	5♦
C	8♥	9♣	2♠	8♣	Q♦	6♦
D	9♠	K♥	A♣	Q♠	5♥	2♦
E	3♠	A♦	4♠	4♦	3♥	J♠
F	7♥	6♦	5♠	7♠	K♣	4♥
G	Q♥	7♦	8♣	5♣	9♣	A♠
H	6♥	A♥	Q♣	4♥	6♦	2♦

	1	2	3	4	5	Pair
I	9♣	2♥	7♣	7♦	8♥	5♣
J	2♦	J♠	9♥	7♥	8♦	4♥
K	6♦	K♣	10♠	8♥	7♥	A♠
L	5♣	3♣	A♥	7♠	9♥	7♥
M	K♣	8♥	4♥	A♠	8♦	6♦
N	7♠	10♥	7♥	8♠	5♠	3♣
O	Q♦	5♦	A♥	9♣	A♠	4♥
P	7♦	7♠	8♥	8♠	8♣	2♠
Q	6♦	9♥	6♠	2♦	10♠	A♠
R	2♣	3♠	3♦	Q♠	K♥	7♣
S	10♠	6♦	5♣	8♦	9♥	5♦
T	2♥	7♥	3♣	7♠	7♦	9♣
U	J♣	5♥	Q♠	10♦	K♥	6♠
V	2♠	5♠	6♥	5♣	10♠	7♠
W	Q♦	6♦	4♥	6♠	8♥	8♦
X	9♠	3♠	4♠	3♦	K♦	9♣
Y	4♣	6♠	7♥	Q♥	5♣	7♠
Z	6♥	K♣	10♣	7♣	8♥	5♦

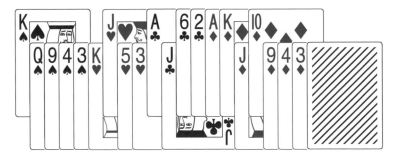

	1	2	3	4	5

	1	2	3	4	5	Pair
A	Q♠	A♦	K♠	9♣	8♦	10♣
B	6♥	4♠	9♦	3♠	10♦	7♥
C	4♦	8♠	9♠	8♣	7♠	3♦
D	Q♠	6♦	K♥	A♥	A♠	J♣
E	J♠	2♥	9♥	7♣	4♦	Q♥
F	K♠	7♦	4♥	5♠	7♠	10♣
G	9♠	7♣	Q♥	6♣	9♥	6♦
H	4♣	2♥	5♠	Q♠	7♠	K♠

	1	2	3	4	5	Pair
I	K♦	9♥	9♣	8♦	10♣	4♥
J	7♦	4♣	A♣	9♠	Q♠	2♥
K	10♠	8♣	4♥	8♦	8♠	Q♥
L	8♥	Q♣	10♦	6♥	2♠	J♠
M	9♣	6♦	8♠	Q♥	J♣	3♦
N	9♠	4♣	7♠	8♦	7♣	J♠
O	3♣	5♦	6♥	6♠	2♠	Q♥
P	8♠	2♦	8♣	10♣	9♥	K♥
Q	J♦	A♣	4♥	2♥	3♦	7♠
R	J♠	10♣	2♦	4♦	8♣	Q♠
S	7♠	J♣	9♠	6♣	10♠	K♣
T	8♦	A♥	9♣	7♦	2♥	Q♠
U	J♣	A♣	10♠	6♠	Q♥	J♠
V	Q♠	5♠	9♠	K♦	2♠	6♦
W	J♣	J♦	8♠	9♥	J♠	4♥
X	8♦	4♣	2♦	5♠	A♦	10♣
Y	3♣	Q♣	10♦	Q♦	3♥	7♠
Z	J♠	6♦	K♠	Q♠	K♣	J♦

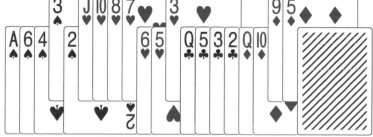

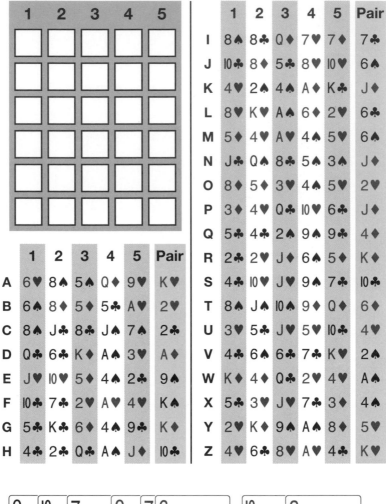

Grid (columns 1–5, empty):

1	2	3	4	5

	1	2	3	4	5	Pair
I	8♠	8♣	Q♦	7♥	7♦	7♣
J	10♣	8♦	5♣	8♥	10♥	6♠
K	4♥	2♠	4♠	A♦	K♣	J♦
L	8♥	K♥	A♠	6♦	2♥	6♣
M	5♦	4♥	A♥	4♠	5♥	6♠
N	J♣	Q♠	8♣	5♠	3♠	J♦
O	8♦	5♦	3♥	4♠	5♥	2♥
P	3♦	4♥	Q♣	10♥	6♣	J♦
Q	5♣	4♣	2♠	9♠	9♣	4♦
R	2♣	2♥	J♦	6♠	5♦	K♦
S	4♣	10♥	J♥	9♠	7♣	10♣
T	8♠	J♣	10♠	9♦	Q♦	6♦
U	3♥	5♣	J♥	5♥	10♣	4♥
V	4♣	6♠	6♣	7♣	K♥	2♠
W	K♦	4♦	Q♣	2♥	4♥	A♠
X	5♣	3♥	J♥	7♣	3♦	4♠
Y	2♥	K♦	9♠	A♠	8♦	5♥
Z	4♥	6♣	8♥	A♥	4♣	K♥

	1	2	3	4	5	Pair
A	6♥	8♠	5♠	Q♦	9♥	K♥
B	6♠	8♦	5♦	5♣	A♥	2♥
C	8♠	J♣	8♣	J♠	7♠	2♣
D	Q♣	6♣	K♦	A♠	3♥	A♦
E	J♥	10♥	5♦	4♠	2♣	9♠
F	10♣	7♣	2♥	A♥	4♥	K♠
G	5♣	K♣	6♦	4♠	9♣	K♦
H	4♣	2♣	Q♣	A♠	J♦	10♣

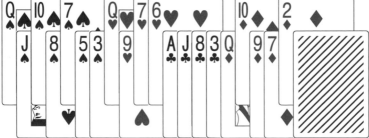

	1	2	3	4	5

	1	2	3	4	5	Pair
I	6♥	4♠	8♠	2♦	A♦	9♦
J	J♣	A♥	J♦	10♣	9♣	4♣
K	10♦	5♦	5♣	6♦	3♠	Q♠
L	J♥	10♠	7♥	8♦	K♠	4♣
M	2♣	7♣	3♣	9♠	2♥	Q♥
N	9♥	Q♦	Q♣	A♦	8♠	8♦
O	10♦	10♣	10♠	Q♥	5♦	A♥
P	J♣	7♦	J♦	J♥	5♣	K♠
Q	Q♠	4♥	Q♥	3♥	K♣	2♣
R	9♣	3♣	K♣	9♠	5♣	A♣
S	10♦	Q♠	5♦	2♣	K♠	6♦
T	K♣	3♥	Q♥	9♣	A♥	10♣
U	5♥	K♦	A♣	10♠	3♣	2♥
V	7♦	5♣	3♥	10♣	9♦	J♥
W	Q♠	K♣	K♠	K♦	J♣	3♠
X	4♣	8♠	3♥	10♠	7♦	10♣
Y	7♥	5♣	Q♥	6♦	Q♠	4♥
Z	10♣	A♥	10♠	8♦	9♠	5♥

	1	2	3	4	5	Pair
A	2♥	8♣	J♥	9♠	7♣	A♣
B	K♣	5♥	10♣	10♠	Q♥	5♦
C	K♥	8♠	3♦	8♥	8♣	A♣
D	10♣	J♦	Q♠	3♣	5♣	3♠
E	A♦	2♠	Q♦	6♣	A♠	9♦
F	K♣	J♥	4♣	J♣	8♣	J♦
G	K♦	7♣	3♥	K♠	10♦	5♣
H	6♣	7♠	Q♦	5♠	4♦	J♦

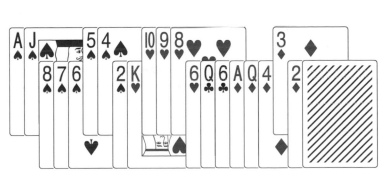

	1	2	3	4	5

	1	2	3	4	5	Pair
I	7♣	10♥	8♠	4♦	9♥	4♥
J	2♠	6♥	9♠	5♠	8♦	4♣
K	A♦	4♦	Q♠	7♦	10♣	A♥
L	8♥	Q♣	10♥	9♥	5♣	9♦
M	3♥	2♠	9♣	A♦	J♦	8♦
N	J♠	6♠	2♣	3♠	10♦	8♥
O	K♦	5♦	K♣	7♠	2♦	8♠
P	7♦	7♣	9♥	9♣	A♥	2♠
Q	3♦	Q♣	4♠	5♣	K♠	J♣
R	3♣	9♥	7♣	Q♠	8♥	9♦
S	8♦	Q♥	8♠	5♣	4♥	Q♣
T	8♣	10♠	6♣	10♣	J♦	3♣
U	4♦	3♥	3♦	8♥	2♠	8♦
V	K♠	9♠	A♥	3♣	A♦	4♣
W	3♠	5♦	2♦	2♥	A♠	6♣
X	4♥	8♥	8♣	4♣	10♣	3♣
Y	10♠	K♠	9♦	A♦	4♦	5♣
Z	2♠	6♥	3♥	Q♥	7♦	3♣

	1	2	3	4	5	Pair
A	4♠	3♦	9♥	7♦	10♥	8♠
B	Q♣	A♦	4♦	9♠	7♣	8♣
C	J♦	3♦	Q♠	Q♥	K♠	10♥
D	K♣	K♦	6♦	10♦	2♥	9♠
E	7♥	2♦	J♥	5♥	3♠	8♦
F	9♦	3♥	A♥	7♦	10♠	10♣
G	6♥	4♥	9♠	Q♥	4♦	4♠
H	K♠	10♣	A♦	Q♣	J♦	8♣

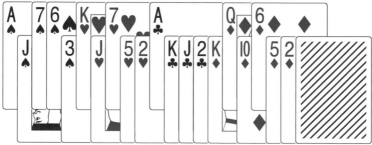

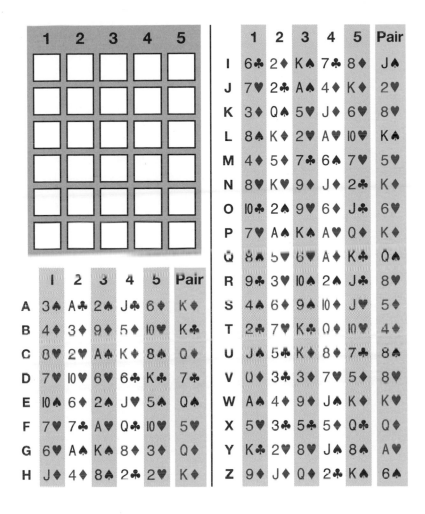

	1	2	3	4	5

	1	2	3	4	5	Pair
I	6♣	2♦	K♠	7♣	8♦	J♠
J	7♥	2♣	A♠	4♦	K♦	2♥
K	3♦	Q♠	5♥	J♦	6♥	8♥
L	8♠	K♦	2♥	A♥	10♥	K♠
M	4♦	5♦	7♣	6♠	7♥	5♥
N	8♥	K♥	9♦	J♦	2♣	K♦
O	10♣	2♠	9♥	6♦	J♣	6♥
P	7♥	A♠	K♠	A♥	Q♦	K♦
Q	8♠	5♥	6♥	A♦	K♣	Q♠
R	9♣	3♥	10♠	2♠	J♣	8♥
S	4♠	6♦	9♠	10♦	J♥	5♦
T	2♣	7♥	K♣	Q♦	10♥	4♦
U	J♠	5♣	K♦	8♦	7♣	8♠
V	Q♦	3♣	3♦	7♥	5♦	8♥
W	A♠	4♦	9♦	J♠	K♦	K♥
X	5♥	3♣	5♣	5♦	Q♣	Q♦
Y	K♣	2♥	8♥	J♠	8♠	A♥
Z	9♦	J♦	Q♦	2♣	K♠	6♠

	1	2	3	4	5	Pair
A	3♠	A♣	2♠	J♣	6♦	K♦
B	4♦	3♦	9♦	5♦	10♥	K♣
C	8♥	2♥	A♠	K♦	8♠	Q♦
D	7♥	10♥	6♥	6♣	K♣	7♣
E	10♠	6♦	2♠	J♥	5♠	Q♠
F	7♥	7♣	A♥	Q♣	10♥	5♥
G	6♥	A♠	K♠	8♦	3♦	Q♦
H	J♦	4♦	8♠	2♣	2♥	K♦

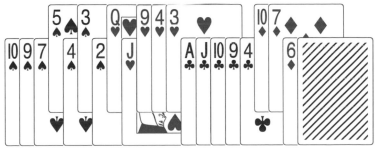

	1	2	3	4	5

	1	2	3	4	5	Pair
I	3♣	8♣	4♠	K♣	5♠	J♦
J	9♠	5♥	8♠	2♣	7♥	10♣
K	9♦	Q♠	A♣	J♦	6♦	6♠
L	2♣	5♠	10♣	4♠	4♥	A♦
M	10♥	3♥	K♣	3♠	3♣	9♥
N	4♦	5♣	A♠	10♠	10♦	3♦
O	8♦	Q♣	2♠	7♠	2♥	J♥
P	K♠	K♦	3♠	9♥	A♦	2♣
Q	8♣	J♥	10♥	7♦	6♦	4♣
R	Q♥	J♦	5♥	5♠	4♠	K♠
S	4♥	9♦	Q♠	3♠	K♦	9♥
T	9♣	10♦	J♣	2♥	7♣	6♠
U	3♣	K♣	4♥	6♦	9♥	A♦
V	K♦	K♠	6♠	8♠	J♥	7♦
W	7♥	2♣	8♣	Q♠	A♣	5♥
X	9♦	10♣	8♥	J♥	4♥	K♠
Y	7♥	K♥	8♠	K♦	3♣	J♦
Z	J♠	4♠	9♥	9♠	4♥	J♥

	1	2	3	4	5	Pair
A	10♥	10♣	K♥	K♦	9♠	3♥
B	4♥	Q♥	K♠	8♣	4♠	Q♠
C	A♣	3♥	3♣	5♥	J♦	10♣
D	9♦	7♦	Q♥	8♥	K♥	K♣
E	10♦	6♥	5♥	A♥	J♣	J♠
F	6♠	K♠	8♠	4♣	J♥	A♦
G	K♥	3♥	4♥	2♣	7♥	3♣
H	5♥	8♥	10♥	Q♥	6♠	Q♠

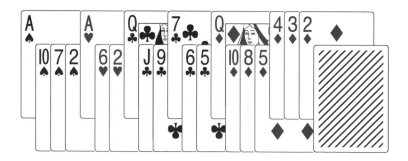

	1	2	3	4	5

	1	2	3	4	5	Pair
I	9♣	8♦	8♣	10♦	5♥	4♠
J	4♦	9♠	9♦	3♣	2♣	2♥
K	K♣	9♣	A♣	10♣	5♥	3♠
L	10♦	K♦	3♦	9♠	6♦	K♥
M	A♥	8♣	2♣	10♥	J♣	2♥
N	3♥	6♥	6♣	8♥	Q♠	8♠
O	Q♥	K♥	3♣	4♠	8♦	9♣
P	2♥	J♣	J♦	2♣	7♥	10♠
Q	K♦	K♠	K♥	9♦	3♠	8♦
R	4♣	5♦	J♠	Q♣	Q♠	7♥
S	6♥	6♣	7♦	5♠	A♦	10♥
T	A♠	4♣	Q♠	3♥	9♥	8♣
U	K♦	9♣	K♥	6♦	A♣	8♦
V	5♥	Q♦	K♣	7♣	10♠	3♣
W	10♦	10♣	4♠	9♦	10♥	J♣
X	2♥	K♥	10♠	J♦	J♥	9♠
Y	10♦	3♦	7♣	8♠	A♣	2♣
Z	3♣	10♣	6♦	4♠	K♣	7♥

	1	2	3	4	5	Pair
A	3♥	6♥	5♣	4♣	6♠	J♥
B	K♠	J♦	9♠	A♣	2♥	K♣
C	3♦	Q♦	3♣	7♥	4♠	10♠
D	K♠	2♣	K♥	2♥	J♣	4♦
E	10♣	8♦	7♥	K♦	J♥	7♣
F	8♣	9♣	K♥	10♦	Q♦	9♠
G	3♣	2♣	8♦	A♣	3♠	J♦
H	K♦	3♦	K♣	K♥	4♦	2♥

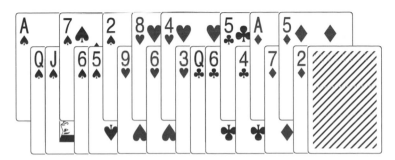

61

	1	2	3	4	5

	1	2	3	4	5	Pair
I	2♣	3♥	J♠	3♦	5♥	K♣
J	7♦	4♣	6♠	2♦	5♣	K♦
K	8♠	J♥	9♦	A♥	A♦	3♠
L	4♠	10♣	7♣	8♣	3♥	3♣
M	Q♣	A♦	9♦	6♠	10♠	8♦
N	A♥	3♠	4♣	10♦	7♥	8♠
O	3♣	8♦	J♥	10♠	7♠	6♠
P	A♠	2♥	10♥	9♦	5♣	A♦
Q	4♣	7♦	K♠	K♦	5♦	K♣
R	9♦	3♣	7♠	5♣	10♦	3♠
S	Q♣	K♣	6♦	4♣	5♦	10♦
T	K♦	10♠	8♦	2♦	3♠	9♣
U	4♥	4♣	8♠	2♥	10♥	K♠
V	J♥	K♣	2♠	2♦	A♦	9♦
W	K♥	K♦	4♣	A♠	5♣	7♥
X	Q♦	2♣	A♣	5♥	6♣	10♦
Y	5♦	K♥	A♦	K♦	10♥	2♦
Z	9♣	3♣	2♠	Q♥	6♠	J♥

	1	2	3	4	5	Pair
A	K♦	J♥	8♠	K♥	7♦	A♦
B	4♣	10♠	K♠	10♦	A♠	7♥
C	K♣	2♥	6♠	5♦	8♦	8♠
D	A♦	K♥	K♦	10♠	7♦	A♥
E	A♣	J♣	10♣	Q♦	8♣	Q♥
F	10♥	6♠	3♠	9♦	5♣	4♣
G	10♦	7♦	3♣	2♠	K♥	4♥
H	4♦	Q♦	5♠	A♣	8♣	6♠

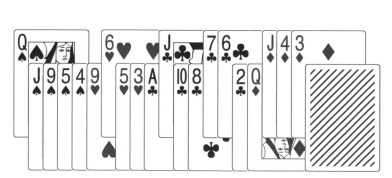

	1	2	3	4	5

	1	2	3	4	5	Pair
I	4♦	3♣	2♣	4♥	5♥	2♠
J	Q♠	8♠	9♣	7♠	4♠	K♣
K	4♦	J♠	Q♦	K♦	9♥	5♥
L	6♦	10♣	A♠	6♥	A♣	3♠
M	7♥	4♦	4♥	4♠	10♥	9♣
N	10♠	J♥	6♣	4♣	2♥	K♣
O	K♦	9♦	4♥	2♦	7♥	9♥
P	8♠	K♣	2♠	J♣	8♦	J♠
Q	Q♠	Q♦	7♥	Q♥	J♦	5♥
R	J♥	7♠	4♥	10♥	2♦	2♥
S	J♠	8♠	J♣	4♣	7♦	5♥
T	9♣	Q♦	8♦	4♠	4♥	2♥
U	K♦	7♦	5♥	3♠	9♥	4♦
V	10♠	2♥	J♥	7♠	Q♥	8♦
W	10♦	7♣	10♣	Q♠	A♣	A♦
X	7♠	J♥	10♥	9♦	4♣	9♣
Y	3♣	7♥	6♠	10♠	2♠	8♦
Z	9♦	2♥	J♣	Q♠	3♠	Q♥

	1	2	3	4	5	Pair
A	Q♣	2♣	3♦	9♠	A♣	3♠
B	4♥	8♠	4♠	2♦	J♦	J♣
C	Q♥	9♦	4♦	4♣	10♠	A♦
D	9♥	Q♠	J♥	K♦	J♣	J♠
E	10♣	A♣	9♠	5♠	5♣	10♠
F	K♣	Q♠	4♣	J♠	2♠	6♠
G	J♣	3♣	7♦	Q♦	4♥	9♦
H	10♣	A♥	9♠	7♣	A♠	4♣

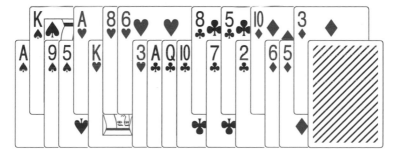

	1	2	3	4	5

	1	2	3	4	5	Pair
I	2♣	6♦	K♠	7♦	10♣	2♠
J	2♦	9♣	7♠	A♠	4♣	10♦
K	J♥	6♦	2♠	Q♦	3♠	4♦
L	10♥	8♦	2♥	Q♥	7♥	K♣
M	4♦	3♥	9♠	A♥	3♠	3♦
N	7♠	Q♣	J♠	7♣	K♥	2♠
O	J♥	10♦	3♣	5♥	10♣	K♠
P	K♥	4♠	7♦	2♠	2♦	A♥
Q	K♠	Q♦	J♥	3♣	7♠	10♦
R	2♠	6♦	5♥	9♣	4♣	10♣
S	8♣	2♥	10♥	4♥	A♣	2♣
T	4♦	Q♠	7♦	J♦	6♣	A♥
U	3♣	A♠	9♣	K♠	9♥	J♥
V	6♣	7♦	2♣	3♥	7♠	4♣
W	2♦	5♠	9♣	A♠	A♥	Q♦
X	4♠	2♠	3♣	J♠	4♣	4♦
Y	8♠	7♥	8♥	2♥	A♦	10♠
Z	A♥	5♥	9♣	K♥	J♥	4♠

	1	2	3	4	5	Pair
A	J♦	A♥	J♠	5♥	J♥	6♦
B	K♥	2♣	Q♠	3♦	4♦	10♣
C	J♥	10♦	2♦	9♣	3♥	J♦
D	10♣	3♣	9♠	4♣	7♦	7♠
E	Q♦	9♣	2♣	6♣	A♠	4♦
F	10♦	J♠	4♣	9♥	2♠	2♦
G	2♣	4♦	J♥	Q♠	6♦	6♣
H	Q♣	3♥	5♥	4♠	9♥	7♠

	1	2	3	4	5	Pair
A	3♦	7♣	2♥	6♣	8♦	Q♦
B	K♥	8♥	10♥	4♣	10♣	5♣
C	A♣	Q♣	2♣	4♠	J♦	6♣
D	5♣	4♥	9♠	10♥	A♦	5♠
E	3♣	8♥	Q♦	A♠	2♥	7♣
F	4♠	J♣	3♥	7♠	5♦	K♠
G	2♦	3♣	4♥	5♣	3♦	J♥
H	4♣	9♠	Q♥	9♣	10♥	A♠

	1	2	3	4	5	Pair
I	4♦	K♦	3♣	7♣	2♥	4♥
J	4♣	A♦	J♥	5♥	10♣	6♠
K	9♦	8♦	5♣	9♠	4♥	Q♦
L	6♣	7♣	A♠	5♥	Q♠	5♠
M	10♣	4♦	2♥	4♥	6♥	Q♥
N	4♣	9♣	9♦	5♥	8♥	10♥
O	J♣	A♣	6♦	4♠	J♦	K♦
P	A♦	K♥	2♦	6♠	3♣	Q♥
Q	4♣	5♠	9♦	A♠	2♥	Q♦
R	5♥	4♦	3♦	5♣	10♣	J♥
S	J♠	3♥	K♣	J♣	A♣	5♠
T	9♥	K♦	10♥	6♥	4♥	7♦
U	Q♦	Q♠	2♥	4♦	9♠	6♣
V	6♥	5♠	K♥	6♠	5♣	3♠
W	9♣	5♥	7♣	10♥	2♦	Q♦
X	A♠	Q♠	3♦	3♣	6♥	Q♥
Y	A♦	K♥	8♥	7♦	3♠	8♦
Z	3♣	9♦	10♣	5♠	5♥	J♥

	1	2	3	4	5

	1	2	3	4	5	Pair
I	K♣	2♠	4♠	6♥	J♠	10♥
J	7♠	Q♣	9♣	8♥	9♥	3♠
K	J♥	K♥	10♠	10♣	10♥	5♥
L	7♣	6♦	9♦	7♦	8♠	J♣
M	5♥	3♠	2♦	J♥	10♦	3♣
N	9♥	6♦	J♣	6♣	K♦	9♣
O	5♦	9♦	2♣	10♠	4♣	8♠
P	K♥	9♥	9♠	9♣	J♦	K♦
Q	10♦	6♣	J♣	8♣	10♥	7♦
R	9♣	10♠	5♥	10♣	6♦	7♣
S	2♣	3♣	9♥	10♦	6♣	9♠
T	8♦	4♥	7♥	6♠	2♠	5♣
U	6♣	9♣	J♠	A♠	Q♥	Q♣
V	4♣	9♥	5♦	7♣	K♦	6♦
W	J♥	2♦	8♥	10♠	9♣	3♣
X	K♦	7♣	3♠	9♦	10♥	2♣
Y	J♦	4♣	5♥	5♣	7♠	6♦
Z	5♦	2♦	Q♥	6♣	3♣	8♠

	1	2	3	4	5	Pair
A	8♠	5♣	K♥	2♦	7♣	Q♣
B	5♥	J♣	6♣	K♦	3♠	9♣
C	8♣	10♦	8♥	Q♣	9♠	10♥
D	2♦	4♣	10♠	J♥	3♠	5♣
E	6♦	Q♣	7♠	3♣	9♥	A♠
F	8♣	7♦	10♣	9♣	J♥	9♦
G	K♠	2♠	K♣	3♥	6♥	2♦
H	4♥	Q♠	7♥	A♣	2♥	3♦

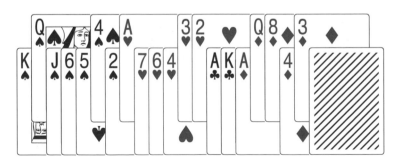

Top-right table:

	1	2	3	4	5	Pair
I	7♣	A♥	10♠	2♣	K♣	2♦
J	2♥	K♦	3♣	10♦	10♣	5♦
K	2♣	10♠	4♣	6♥	3♥	K♣
L	8♥	J♦	Q♦	10♣	Q♥	K♠
M	4♣	4♦	7♣	5♦	8♣	A♥
N	10♦	10♣	10♠	K♦	Q♥	J♦
O	8♥	4♣	5♠	6♥	A♥	2♥
P	5♦	Q♠	Q♦	10♣	A♦	7♣
Q	8♥	8♠	A♥	3♥	6♠	K♥
R	5♣	2♠	J♣	9♥	3♦	K♦
S	8♠	6♣	8♣	A♦	Q♦	2♥
T	K♠	A♥	10♠	K♥	6♦	4♣
U	Q♥	2♦	4♦	2♥	J♦	8♣
V	5♠	10♣	3♥	K♦	6♠	K♣
W	4♦	7♣	6♣	6♦	Q♦	8♥
X	A♥	3♥	3♣	10♠	2♥	8♣
Y	6♦	4♣	10♥	8♥	K♣	4♦
Z	10♦	6♣	A♦	Q♥	10♠	10♣

Left table:

	1	2	3	4	5	Pair
A	5♣	3♦	9♠	4♥	A♠	J♣
B	10♥	2♥	8♥	A♥	6♦	J♦
C	Q♥	7♣	10♦	J♣	3♥	5♠
D	7♠	4♥	J♠	4♠	Q♣	5♦
E	5♥	5♣	A♠	9♥	9♦	3♥
F	J♣	J♦	5♦	6♣	2♦	3♣
G	7♦	9♥	A♠	3♠	5♥	Q♠
H	5♦	4♣	A♦	6♥	6♠	6♦

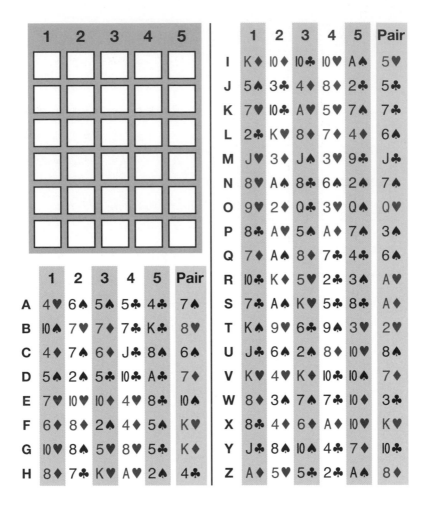

	1	2	3	4	5

	1	2	3	4	5	Pair
I	K♦	10♦	10♣	10♥	A♠	5♥
J	5♠	3♣	4♦	8♦	2♣	5♣
K	7♥	10♣	A♥	5♥	7♠	7♣
L	2♣	K♥	8♦	7♦	4♦	6♠
M	J♥	3♦	J♠	3♥	9♣	J♣
N	8♥	A♠	8♣	6♠	2♠	7♠
O	9♥	2♦	Q♣	3♥	Q♠	Q♥
P	8♣	A♥	5♠	A♦	7♠	3♠
Q	7♦	A♠	8♦	7♣	4♣	6♠
R	10♣	K♦	5♥	2♣	3♠	A♥
S	7♣	A♠	K♥	5♣	8♣	A♦
T	K♠	9♥	6♣	9♠	3♥	2♥
U	J♣	6♠	2♠	8♦	10♥	8♠
V	K♥	4♥	K♦	10♣	10♠	7♦
W	8♦	3♠	7♠	7♣	10♦	3♣
X	8♣	4♦	6♦	A♦	10♥	K♥
Y	J♣	8♠	10♠	4♣	7♦	10♣
Z	A♦	5♥	5♣	2♣	A♠	8♦

	1	2	3	4	5	Pair
A	4♥	6♠	5♠	5♣	4♣	7♠
B	10♠	7♥	7♦	7♣	K♣	8♥
C	4♦	7♠	6♦	J♣	8♠	6♠
D	5♠	2♠	5♣	10♣	A♣	7♦
E	7♥	10♥	10♦	4♥	8♣	10♠
F	6♦	8♦	2♠	4♦	5♠	K♥
G	10♥	8♠	5♥	8♥	5♣	K♦
H	8♦	7♣	K♥	A♥	2♠	4♣

Top grid:

	1	2	3	4	5

Right table:

	1	2	3	4	5	Pair
I	8♦	6♦	Q♠	3♣	9♦	2♥
J	K♥	9♠	6♥	7♦	Q♣	10♠
K	2♦	K♣	10♦	7♠	8♠	6♠
L	6♣	5♠	3♥	9♣	10♣	10♥
M	3♣	4♦	J♦	10♠	Q♠	6♥
N	7♣	8♦	5♣	K♥	Q♦	7♦
O	Q♣	10♥	4♠	8♥	Q♥	A♣
P	6♥	K♥	A♦	5♣	7♥	4♥
Q	K♦	3♣	9♥	9♦	J♠	8♣
R	A♣	8♦	Q♠	7♣	6♥	8♥
S	7♥	Q♦	9♥	8♣	10♥	6♦
T	8♠	2♥	7♦	4♠	A♣	K♥
U	Q♥	6♥	J♦	K♠	4♥	7♠
V	4♠	8♦	10♥	A♥	7♦	Q♣
W	K♦	J♦	6♠	9♠	K♥	Q♠
X	3♣	9♥	8♠	8♥	10♥	K♠
Y	4♥	9♠	Q♠	K♦	A♥	J♠
Z	A♦	Q♠	10♠	8♦	7♦	7♣

Left table:

	1	2	3	4	5	Pair
A	5♥	J♣	3♦	10♣	9♣	7♥
B	J♥	K♣	3♥	4♣	7♠	4♥
C	10♣	9♣	2♦	A♠	10♠	3♣
D	2♥	9♠	9♥	4♦	A♦	6♥
E	10♥	J♦	5♣	K♦	A♣	7♦
F	8♣	4♥	3♣	4♠	Q♠	Q♦
G	K♦	A♥	10♥	K♠	Q♥	A♣
H	7♦	8♣	6♠	9♥	7♣	J♠

	1	2	3	4	5

	1	2	3	4	5	Pair
I	K♥	5♦	8♥	K♣	9♦	Q♣
J	5♥	6♦	2♦	10♠	4♦	J♣
K	7♣	K♣	J♦	K♥	5♦	A♣
L	7♦	5♣	4♥	K♠	Q♠	9♥
M	2♦	8♥	K♣	6♠	9♦	A♦
N	4♥	9♠	A♥	J♦	K♥	6♦
O	A♠	2♣	5♠	J♠	10♥	9♣
P	4♠	K♦	Q♦	8♠	Q♥	6♣
Q	K♠	7♥	K♣	Q♠	9♦	4♥
R	10♦	2♠	2♥	A♠	3♣	10♠
S	K♦	J♠	10♥	10♣	8♠	5♣
T	9♣	7♥	J♦	K♣	6♠	2♦
U	9♥	7♦	6♠	9♦	8♦	5♦
V	A♣	2♦	6♦	7♣	7♥	9♠
W	6♣	K♠	K♥	A♥	5♣	Q♣
X	9♠	A♣	J♦	8♥	2♦	9♥
Y	4♦	K♣	6♠	3♦	5♥	6♦
Z	10♠	A♣	4♥	7♣	Q♣	9♦

	1	2	3	4	5	Pair
A	5♥	6♣	5♦	9♣	Q♣	A♣
B	K♥	7♣	J♣	6♦	J♥	K♠
C	7♥	J♦	6♣	4♦	7♦	Q♠
D	7♠	J♥	9♠	A♣	10♠	5♥
E	8♠	10♥	2♣	3♣	6♥	K♠
F	2♦	J♥	J♣	7♣	5♣	9♥
G	4♦	Q♣	A♣	K♣	4♥	9♦
H	6♣	J♥	5♣	3♦	5♥	6♦

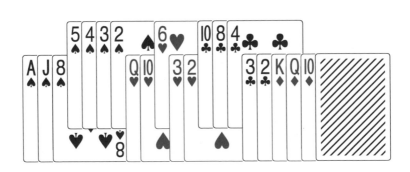

	1	2	3	4	5

	1	2	3	4	5	Pair
I	6♦	4♣	Q♦	4♦	10♣	8♥
J	7♠	6♣	10♠	Q♠	5♦	2♣
K	K♣	A♠	5♣	10♦	2♦	Q♣
L	4♠	K♦	8♥	4♥	2♠	7♥
M	6♣	K♣	J♦	A♣	5♣	10♠
N	10♦	7♣	7♦	5♥	K♦	J♠
O	4♣	8♠	A♥	10♣	6♦	2♠
P	Q♥	10♠	7♣	K♦	7♥	J♦
Q	K♣	A♦	2♦	7♦	5♦	Q♠
R	2♣	9♣	K♦	A♠	6♣	10♠
S	2♥	3♥	8♦	6♠	4♦	2♠
T	4♣	K♠	9♠	6♦	J♣	10♦
U	A♦	4♠	7♣	Q♣	J♠	Q♦
V	K♣	4♥	7♥	2♣	J♦	9♥
W	2♦	8♥	K♦	Q♠	A♣	7♦
X	5♦	J♦	10♦	5♣	Q♥	9♣
Y	10♥	A♠	5♥	J♥	2♣	4♠
Z	7♥	2♠	10♦	K♦	8♥	9♣

	1	2	3	4	5	Pair
A	4♠	A♣	J♦	A♠	J♥	9♥
B	7♣	2♠	7♠	10♠	K♦	10♥
C	J♠	4♥	K♣	7♥	7♠	A♦
D	5♥	3♠	2♠	J♥	2♠	K♠
E	4♥	10♠	A♦	J♦	7♥	4♠
F	8♣	4♦	10♣	8♦	A♥	9♦
G	K♦	6♣	4♠	5♥	7♠	5♣
H	J♠	7♥	10♥	K♣	9♥	5♦

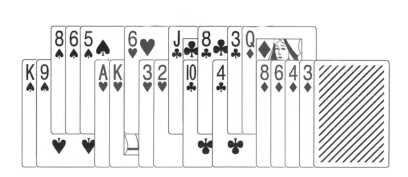

	1	2	3	4	5

	1	2	3	4	5	Pair
A	Q♦	3♦	J♥	2♦	7♠	A♦
B	A♠	J♦	5♠	8♦	9♣	4♥
C	A♥	K♠	8♥	7♦	J♥	6♦
D	5♣	2♠	3♥	9♥	A♣	10♦
E	5♠	A♦	Q♣	3♠	10♥	J♠
F	9♠	3♥	9♦	3♣	8♦	6♣
G	2♠	10♦	10♣	8♣	4♥	8♠
H	7♠	Q♦	7♦	K♥	2♦	7♣

	1	2	3	4	5	Pair
I	10♦	J♦	5♦	9♣	A♣	8♠
J	5♣	J♠	3♥	9♥	10♣	4♠
K	3♠	10♦	A♠	6♦	4♥	6♣
L	9♦	6♥	J♦	4♣	6♠	10♣
M	10♥	5♣	3♥	2♠	4♠	4♥
N	2♥	J♥	Q♠	K♠	2♦	7♠
O	Q♥	K♣	10♠	2♣	J♣	6♥
P	K♦	9♦	6♣	9♠	3♠	3♠
Q	9♣	9♥	4♠	A♦	10♦	5♣
R	3♥	8♦	6♦	9♦	A♠	J♦
S	5♠	3♣	2♠	3♠	A♣	5♦
T	A♠	8♦	8♣	9♥	6♣	6♦
U	9♠	K♦	J♠	4♣	10♥	6♠
V	2♠	9♥	9♣	10♣	4♠	7♣
W	A♣	5♠	9♠	A♦	6♥	6♦
X	6♠	Q♣	10♠	5♣	J♦	8♦
Y	5♦	4♥	10♦	A♦	A♠	8♣
Z	9♣	6♠	3♣	3♠	6♥	5♠

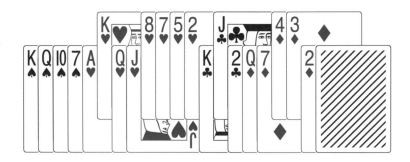

	1	2	3	4	5

	1	2	3	4	5	Pair
I	J♣	A♣	10♠	4♣	6♠	K♦
J	J♠	Q♥	Q♠	6♣	3♦	3♠
K	6♠	8♣	K♦	7♥	4♣	J♦
L	A♦	J♣	J♠	5♣	2♠	7♦
M	9♦	8♦	3♣	2♥	6♥	A♥
N	A♣	Q♥	4♠	5♥	K♣	2♣
O	5♦	9♦	8♠	2♦	5♠	7♠
P	K♣	8♥	A♣	7♣	A♥	K♦
Q	A♦	J♣	J♥	K♥	5♥	3♦
R	3♣	4♥	10♦	2♦	5♠	3♠
S	6♣	8♥	J♠	2♠	J♥	K♣
T	7♦	A♣	5♣	K♥	10♠	4♠
U	8♣	K♣	3♦	J♣	7♣	8♥
V	K♠	A♣	2♣	4♠	Q♠	5♥
W	7♦	Q♥	10♠	A♠	2♠	K♦
X	A♦	A♣	3♦	Q♠	K♥	6♠
Y	J♦	4♦	10♠	7♠	J♠	K♣
Z	7♥	A♦	A♣	A♥	J♣	2♣

	1	2	3	4	5	Pair
A	Q♦	5♦	8♦	10♣	9♠	3♥
B	4♠	K♦	J♣	7♥	7♣	J♦
C	7♦	4♦	Q♣	4♣	K♠	5♣
D	A♦	J♠	Q♥	K♣	3♠	7♥
E	7♣	8♣	K♥	6♠	10♠	A♥
F	3♠	2♣	4♠	J♠	3♥	2♠
G	8♥	K♣	7♦	7♥	A♠	J♣
H	J♥	5♣	5♥	4♦	K♠	2♣

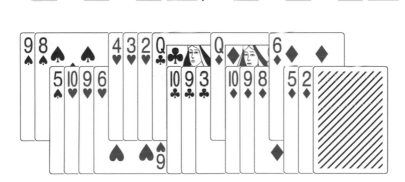

73

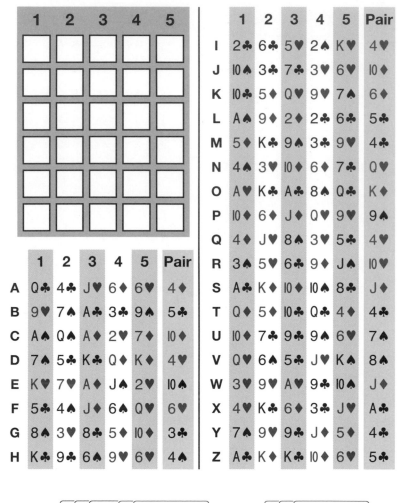

	1	2	3	4	5

	1	2	3	4	5	Pair
I	2♣	6♣	5♥	2♠	K♥	4♥
J	10♠	3♣	7♣	3♥	6♥	10♦
K	10♣	5♦	Q♥	9♥	7♠	6♦
L	A♠	9♦	2♦	2♣	6♣	5♣
M	5♦	K♣	9♠	3♣	9♥	4♣
N	4♠	3♥	10♦	6♦	7♣	Q♥
O	A♥	K♣	A♣	8♠	Q♣	K♦
P	10♦	6♦	J♦	Q♥	9♥	9♠
Q	4♦	J♥	8♠	3♥	5♣	4♥
R	3♠	5♥	6♣	9♦	J♠	10♥
S	A♣	K♦	10♦	10♠	8♣	J♦
T	Q♦	5♦	10♣	Q♣	4♦	4♣
U	10♦	7♣	9♣	9♠	6♥	7♠
V	Q♥	6♠	5♣	J♥	K♠	8♠
W	3♥	9♥	A♥	9♣	10♠	J♦
X	4♥	K♣	6♦	3♣	J♥	A♠
Y	7♠	9♥	9♣	J♦	5♦	4♣
Z	A♣	K♦	K♣	10♦	6♥	5♣

	1	2	3	4	5	Pair
A	Q♣	4♣	J♥	6♦	6♥	4♦
B	9♥	7♠	A♣	3♣	9♠	5♣
C	A♠	Q♠	A♦	2♥	7♥	10♦
D	7♠	5♣	K♣	Q♦	K♦	4♥
E	K♥	7♥	A♦	J♠	2♥	10♠
F	5♣	4♠	J♦	6♠	Q♥	6♥
G	8♠	3♥	8♣	5♦	10♦	3♣
H	K♣	9♣	6♠	9♥	6♥	4♠

1	2	3	4	5

	1	2	3	4	5	Pair
I	6♣	5♥	Q♥	2♣	A♣	9♠
J	K♦	Q♦	6♦	10♣	10♦	J♦
K	9♦	A♦	K♥	2♠	A♣	5♦
L	J♣	3♥	8♠	3♦	4♦	Q♦
M	5♣	Q♥	A♥	4♥	10♣	10♥
N	5♦	K♣	8♥	K♥	K♠	5♠
O	7♥	3♦	Q♠	7♠	7♦	6♠
P	8♥	10♦	5♠	4♥	5♦	K♠
Q	2♣	9♦	10♣	10♥	J♦	6♣
R	9♥	8♣	8♦	5♥	K♦	K♥
S	5♣	Q♣	4♠	5♠	A♥	6♦
T	2♣	9♠	A♣	8♥	J♠	2♣
U	K♣	A♦	9♣	5♣	A♥	6♦
V	8♣	3♣	10♥	Q♥	8♥	8♦
W	10♠	5♦	J♦	9♠	K♦	Q♣
X	2♣	A♥	5♣	Q♦	K♣	K♠
Y	6♣	K♦	5♠	Q♣	10♦	Q♥
Z	Q♦	8♣	2♠	10♥	K♥	3♣

	1	2	3	4	5	Pair
A	9♣	4♦	8♠	A♠	7♦	A♦
B	Q♥	6♣	5♥	A♥	8♣	8♥
C	K♣	9♠	5♣	10♦	J♣	10♥
D	10♣	5♦	8♠	K♥	A♣	4♠
E	9♠	2♠	Q♣	9♥	6♦	J♦
F	J♣	2♥	A♠	7♦	7♣	K♠
G	4♥	8♥	9♠	9♥	6♦	2♣
H	8♣	Q♦	K♣	A♦	10♥	2♠

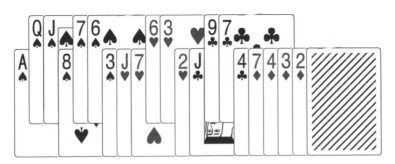

	1	2	3	4	5

	1	2	3	4	5	Pair
A	9♣	4♥	2♣	8♦	7♦	A♦
B	5♥	9♠	9♦	10♥	4♣	Q♥
C	A♣	10♣	J♣	10♠	Q♦	5♠
D	6♥	J♥	A♦	2♥	3♠	6♠
E	J♠	10♣	J♠	9♥	5♣	K♦
F	Q♠	8♥	J♥	A♣	A♦	5♠
G	6♠	10♦	Q♦	A♠	10♣	5♦
H	6♣	3♠	3♦	6♦	8♠	Q♣

	1	2	3	4	5	Pair
I	J♠	6♠	A♠	Q♦	A♣	10♠
J	3♥	6♣	K♦	5♦	2♦	K♥
K	Q♣	9♥	A♣	5♠	8♥	Q♠
L	10♣	8♠	K♣	6♥	4♠	2♦
M	2♥	7♥	Q♠	10♠	3♥	J♣
N	10♣	9♥	K♥	4♠	3♠	A♦
O	8♦	2♣	5♥	3♣	7♣	J♠
P	K♥	A♣	J♣	A♦	6♥	A♠
Q	3♠	6♦	2♥	10♠	K♦	Q♣
R	5♠	5♦	K♥	10♦	8♠	K♣
S	6♣	A♣	6♠	6♥	J♥	3♥
T	10♥	A♥	8♣	7♦	4♦	Q♠
U	9♥	A♦	5♠	5♦	J♣	10♠
V	A♣	J♥	Q♣	10♣	2♦	6♦
W	J♣	K♦	6♥	3♠	2♥	9♥
X	10♦	A♣	4♠	A♦	6♣	3♥
Y	5♠	3♠	K♣	6♠	J♣	5♦
Z	6♣	2♥	10♦	10♠	K♥	A♠

	1	2	3	4	5

	1	2	3	4	5	Pair
I	2♥	A♦	J♥	A♠	7♦	10♦
J	5♥	4♦	2♠	10♣	10♥	4♠
K	10♦	K♠	K♦	A♣	J♠	9♦
L	3♥	8♦	Q♦	2♠	6♥	7♠
M	4♣	4♠	9♦	2♦	J♥	Q♠
N	J♠	3♥	K♥	6♦	7♦	K♠
O	3♠	K♣	3♣	3♦	7♣	J♥
P	J♠	10♦	6♦	5♥	Q♦	8♠
Q	8♥	5♣	9♣	J♣	9♥	5♠
R	K♥	Q♠	7♦	A♠	6♦	6♥
S	K♦	A♦	2♥	2♣	2♠	10♦
T	4♥	9♥	7♣	Q♣	3♣	6♥
U	7♥	8♥	5♣	8♣	J♣	2♥
V	5♠	9♦	10♥	5♦	2♦	5♥
W	7♦	8♦	2♥	4♦	J♥	9♠
X	6♥	10♥	K♠	Q♠	4♠	J♠
Y	4♦	10♦	8♦	4♣	A♠	9♠
Z	6♦	K♦	10♥	J♠	2♥	2♦

	1	2	3	4	5	Pair
A	2♠	8♦	K♠	2♥	5♥	J♥
B	A♦	A♣	J♠	A♠	3♥	7♦
C	5♠	5♥	10♣	10♦	6♥	4♦
D	A♣	7♦	9♠	Q♠	J♥	4♣
E	J♣	7♣	8♥	3♦	6♣	7♦
F	6♦	Q♦	10♥	9♦	2♠	9♠
G	A♦	8♠	K♦	4♠	J♠	3♥
H	4♣	7♠	5♦	6♥	2♣	10♥

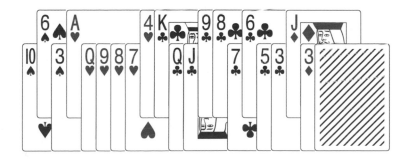

	1	2	3	4	5

	1	2	3	4	5	Pair
I	10♣	7♥	8♥	6♦	6♠	J♥
J	7♠	K♥	6♣	2♣	9♠	K♠
K	A♦	7♥	Q♥	3♠	A♥	7♣
L	3♥	6♥	5♥	J♦	2♠	10♣
M	6♠	4♠	6♣	8♥	K♥	3♣
N	A♠	9♠	7♣	A♦	Q♥	7♠
O	2♥	9♦	4♥	5♣	10♥	K♠
P	6♥	6♠	8♣	2♠	Q♣	J♥
Q	3♥	5♥	6♣	10♦	7♠	4♦
R	K♦	7♦	Q♠	2♦	2♥	K♠
S	10♦	3♠	7♥	K♥	5♥	6♦
T	Q♣	6♣	8♠	Q♥	A♥	6♥
U	10♦	7♣	7♠	2♠	A♦	8♣
V	J♥	J♦	8♦	6♦	Q♥	4♦
W	7♦	K♦	J♠	5♠	2♣	7♥
X	Q♣	10♣	3♠	3♣	K♥	10♦
Y	Q♠	J♣	7♠	K♦	A♣	6♠
Z	Q♣	4♦	A♦	7♥	3♥	6♥

	1	2	3	4	5	Pair
A	6♥	4♠	Q♣	7♣	3♣	8♠
B	3♦	2♠	K♥	5♥	6♠	10♣
C	3♣	Q♦	3♥	J♥	Q♣	4♠
D	K♣	4♥	10♥	K♦	2♥	7♣
E	5♥	J♦	2♠	6♦	K♥	3♣
F	3♠	A♦	8♠	8♦	4♦	A♠
G	Q♥	Q♦	A♥	J♥	10♦	6♦
H	3♣	3♥	6♣	Q♣	K♠	2♠

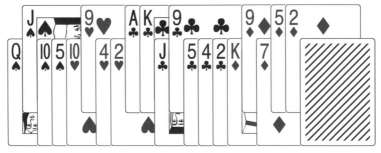

1	2	3	4	5

	1	2	3	4	5	Pair
A	10♠	9♥	8♠	J♦	9♠	A♣
B	7♠	4♣	6♣	6♥	5♣	4♠
C	7♥	5♠	7♥	A♦	4♠	3♠
D	6♥	8♦	A♠	9♥	7♠	9♣
E	J♣	5♥	2♠	2♥	3♦	3♠
F	4♥	6♠	5♦	2♦	Q♥	8♠
G	9♥	J♥	9♠	10♠	4♣	7♥
H	A♥	2♠	6♠	3♥	4♥	3♠

	1	2	3	4	5	Pair
I	10♠	5♠	8♠	6♣	K♣	9♠
J	3♠	K♠	9♣	6♦	Q♣	7♠
K	10♠	8♠	7♥	J♥	6♣	8♦
L	A♦	7♠	9♣	5♣	Q♠	4♦
M	3♠	4♣	10♠	6♣	K♠	8♦
N	9♠	A♦	7♠	Q♣	4♠	8♠
O	3♠	8♦	K♠	K♣	Q♠	J♥
P	A♣	A♠	4♣	A♦	Q♥	9♣
Q	Q♣	10♠	J♥	J♠	Q♠	6♥
R	A♠	K♣	K♦	A♦	3♠	A♣
S	Q♣	9♥	10♠	K♠	7♥	9♦
T	10♥	2♥	6♠	2♣	8♥	9♠
U	A♣	Q♣	4♦	J♦	7♣	8♣
V	J♠	Q♠	9♦	5♣	Q♥	8♦
W	J♦	7♣	A♠	4♦	4♣	9♣
X	8♦	7♠	K♦	7♥	K♠	8♠
Y	10♦	8♥	2♠	4♥	10♣	6♣
Z	4♠	7♦	Q♣	6♦	9♠	9♣

	1	2	3	4	5

	1	2	3	4	5	Pair
I	5♥	3♥	K♦	6♠	9♣	7♠
J	10♦	8♥	10♣	5♦	9♥	7♥
K	A♦	7♠	6♠	8♠	4♠	A♠
L	10♦	J♥	Q♠	3♣	3♥	Q♦
M	A♣	3♦	J♦	8♣	2♠	7♦
N	9♣	6♠	K♦	8♠	3♣	Q♦
O	10♣	9♦	6♥	3♥	8♦	7♥
P	4♠	5♥	A♦	7♠	9♣	10♦
Q	7♦	Q♠	Q♣	Q♦	K♦	10♣
R	9♣	5♥	6♣	A♠	4♥	2♥
S	4♣	K♣	K♠	7♣	5♣	J♠
T	8♦	6♠	3♣	Q♠	7♠	10♣
U	A♠	10♦	6♦	2♠	5♠	9♦
V	3♣	Q♣	Q♠	3♥	5♦	8♥
W	6♦	9♦	5♥	7♠	4♥	2♥
X	10♦	3♠	Q♣	8♠	A♠	4♠
Y	6♦	K♦	10♣	Q♦	7♠	J♥
Z	8♥	J♣	Q♠	10♦	9♦	5♥

	1	2	3	4	5	Pair
A	9♥	K♠	A♥	2♣	Q♥	10♥
B	2♦	3♠	8♥	Q♣	3♥	9♣
C	J♣	6♣	7♦	Q♠	8♦	8♠
D	10♦	K♦	3♥	6♥	J♥	Q♣
E	5♦	2♦	A♣	2♥	7♠	4♠
F	6♥	10♦	J♥	4♥	10♣	3♠
G	9♣	A♠	5♥	Q♣	6♠	7♥
H	6♦	A♦	4♠	4♥	2♦	Q♦

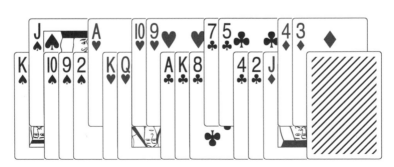

	1	2	3	4	5

	1	2	3	4	5	Pair
I	5♣	6♦	A♠	7♣	Q♣	9♣
J	7♦	2♦	6♣	3♦	J♦	3♥
K	3♣	10♠	6♦	9♥	5♣	K♣
L	2♠	6♥	J♣	7♣	A♦	A♠
M	8♠	7♥	7♦	J♥	3♣	Q♥
N	4♠	3♦	6♠	J♦	9♥	6♥
O	10♣	5♠	9♦	K♦	8♦	Q♣
P	J♣	7♥	7♣	7♦	3♣	5♥
Q	10♠	9♣	6♠	10♥	2♠	Q♣
R	7♥	J♦	7♦	8♠	7♣	6♥
S	5♥	6♣	2♥	J♠	A♠	Q♥
T	7♦	9♥	7♣	9♠	4♥	2♦
U	A♦	4♠	Q♥	8♦	6♥	2♥
V	J♠	9♣	J♣	2♠	5♥	Q♠
W	K♣	2♥	A♦	9♥	7♦	A♠
X	3♥	2♠	3♦	J♣	2♦	5♣
Y	J♥	3♠	Q♠	9♥	6♣	6♠
Z	J♦	7♦	6♥	3♦	7♥	J♣

	1	2	3	4	5	Pair
A	8♥	K♥	5♠	A♣	4♣	2♥
B	K♠	A♥	2♣	10♣	8♣	J♣
C	Q♥	6♦	5♥	3♣	3♦	9♥
D	K♠	4♣	K♦	4♦	10♦	2♠
E	5♠	K♥	A♣	8♣	7♠	5♥
F	7♦	3♦	9♣	4♥	6♦	8♠
G	J♦	J♠	5♣	A♦	3♣	7♥
H	4♠	Q♥	4♥	2♥	3♥	J♥

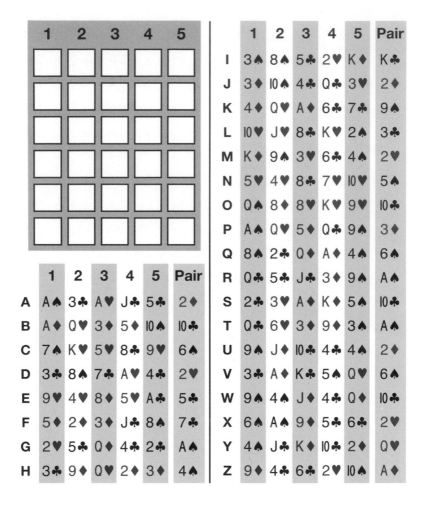

	1	2	3	4	5

	1	2	3	4	5	Pair
I	3♠	8♠	5♣	2♥	K♦	K♣
J	3♦	10♠	4♣	Q♣	3♥	2♦
K	4♦	Q♥	A♦	6♣	7♣	9♠
L	10♥	J♥	8♣	K♥	2♠	3♣
M	K♦	9♠	3♥	6♣	4♠	2♥
N	5♥	4♥	8♣	7♥	10♥	5♠
O	Q♠	8♦	8♥	K♥	9♥	10♣
P	A♠	Q♥	5♦	Q♣	9♠	3♦
Q	8♠	2♣	Q♦	A♦	4♠	6♠
R	Q♣	5♣	J♣	3♦	9♠	A♠
S	2♣	3♥	A♦	K♦	5♠	10♣
T	Q♣	6♥	3♦	9♦	3♠	A♠
U	9♠	J♦	10♣	4♣	4♠	2♦
V	3♣	A♦	K♣	5♠	Q♥	6♠
W	9♠	4♠	J♦	4♣	Q♦	10♣
X	6♠	A♠	9♠	5♣	6♣	2♥
Y	4♠	J♣	K♦	10♣	2♦	Q♥
Z	9♦	4♣	6♣	2♥	10♠	A♦

	1	2	3	4	5	Pair
A	A♠	3♣	A♥	J♣	5♣	2♦
B	A♦	Q♥	3♦	5♦	10♠	10♣
C	7♠	K♥	5♥	8♣	9♥	6♠
D	3♣	8♠	7♣	A♥	4♣	2♥
E	9♥	4♥	8♦	5♥	A♣	5♣
F	5♦	2♦	3♦	J♣	8♠	7♣
G	2♥	5♣	Q♦	4♣	2♠	A♠
H	3♣	9♦	Q♥	2♦	3♦	4♠

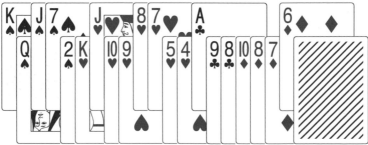

	1	2	3	4	5

	1	2	3	4	5	Pair
A	A♣	K♠	6♣	3♠	9♦	8♠
B	10♠	2♣	7♣	4♠	5♦	K♥
C	5♥	8♦	5♣	7♥	J♦	8♠
D	K♣	10♥	J♠	10♠	5♦	6♥
E	3♥	9♦	Q♥	10♦	4♥	Q♠
F	5♣	J♠	6♥	K♦	2♠	2♣
G	6♣	4♥	7♦	10♣	Q♥	K♣
H	Q♦	2♠	J♠	6♥	6♠	10♠

	1	2	3	4	5	Pair
I	2♥	8♦	9♣	K♥	K♦	A♦
J	7♣	10♥	6♦	7♥	10♠	A♠
K	5♣	2♥	5♠	2♠	J♠	4♦
L	10♠	7♠	5♦	9♣	Q♦	K♦
M	A♠	7♣	3♣	2♠	8♠	J♥
N	10♠	4♦	K♥	A♦	5♠	J♦
O	K♦	9♣	3♣	2♠	8♦	2♣
P	7♣	10♠	5♦	Q♦	6♦	J♥
Q	4♠	J♦	K♦	5♣	K♥	8♠
R	Q♥	10♣	3♠	2♠	A♥	7♠
S	J♦	5♦	6♦	J♣	4♠	2♠
T	7♠	8♠	6♠	A♦	Q♦	10♠
U	5♣	J♣	5♦	K♣	4♦	6♥
V	7♥	8♦	3♣	2♠	9♣	6♦
W	J♠	8♠	5♦	6♠	J♣	A♠
X	7♠	4♦	5♠	5♣	4♠	5♥
Y	3♣	A♠	K♣	10♠	2♠	5♦
Z	5♥	J♣	7♠	J♥	Q♦	5♠

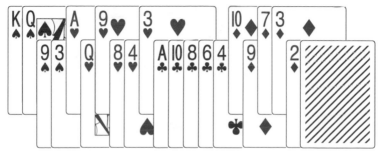

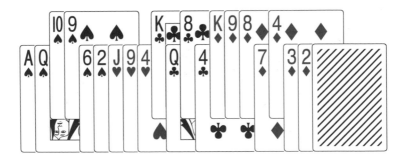

Top-right grid

	1	2	3	4	5

Right table

	1	2	3	4	5	Pair
I	A♣	4♠	J♣	Q♦	10♣	J♠
J	6♣	7♥	J♦	3♥	9♣	2♥
K	3♠	A♥	Q♦	10♥	J♣	6♦
L	2♣	7♥	6♥	6♣	8♠	3♥
M	10♥	5♦	9♣	3♠	10♦	6♦
N	A♣	2♣	5♥	5♠	5♣	A♦
O	3♦	A♠	2♠	9♦	J♥	6♣
P	8♥	4♠	6♦	Q♦	3♣	K♥
Q	A♣	5♦	J♣	J♦	5♣	3♠
R	5♥	7♥	8♥	6♣	Q♦	J♠
S	4♣	4♦	Q♠	4♥	A♠	10♣
T	6♠	7♦	J♥	2♦	10♠	3♠
U	J♠	10♦	5♠	7♣	6♣	9♠
V	3♣	A♦	10♥	A♣	J♦	5♦
W	5♠	5♣	2♥	3♥	8♠	6♣
X	J♣	A♦	9♠	3♠	7♠	10♥
Y	8♠	7♣	10♦	K♥	3♥	Q♦
Z	6♦	10♣	9♣	J♣	A♥	5♥

Left table

	1	2	3	4	5	Pair
A	K♣	7♦	2♠	Q♣	4♣	7♠
B	10♦	9♣	2♥	5♠	5♦	6♥
C	7♦	4♥	8♦	J♥	Q♠	J♣
D	Q♦	3♠	3♥	6♦	J♥	10♦
E	9♣	10♥	5♦	8♠	7♥	3♣
F	6♥	3♥	8♥	2♥	3♠	10♦
G	4♠	J♦	5♥	5♣	6♦	6♣
H	8♥	2♥	8♠	Q♥	3♣	7♠

	1	2	3	4	5

	1	2	3	4	5	Pair
I	K♣	7♣	4♣	A♥	A♣	3♣
J	J♦	2♠	K♠	9♠	6♥	Q♣
K	6♦	2♥	7♣	K♣	3♦	9♣
L	8♣	5♣	6♣	3♥	4♥	2♦
M	2♥	Q♣	A♣	9♦	A♥	Q♥
N	5♣	J♦	8♦	8♠	3♠	2♠
O	6♦	8♣	4♦	J♣	3♥	K♠
P	2♦	5♦	Q♦	9♠	4♣	3♠
Q	4♠	2♣	10♥	7♥	J♥	2♠
R	K♠	6♥	Q♦	9♦	8♠	J♣
S	A♠	7♦	10♣	4♠	7♠	5♦
T	4♦	K♠	A♣	2♠	3♥	7♣
U	7♠	7♥	6♠	A♦	5♥	4♣
V	4♦	2♥	3♦	10♠	2♦	4♥
W	J♦	8♠	K♣	Q♥	9♦	2♠
X	2♥	5♦	10♠	3♦	9♣	Q♣
Y	7♣	8♠	4♥	3♥	K♠	8♦
Z	A♣	Q♥	2♠	3♦	9♦	10♠

	1	2	3	4	5	Pair
A	5♠	J♥	10♦	Q♠	7♠	K♠
B	9♠	7♣	6♣	K♣	5♣	2♥
C	4♦	A♣	5♦	A♥	8♦	9♦
D	10♥	10♦	J♥	7♦	K♥	6♦
E	K♠	6♥	10♣	8♣	3♦	2♠
F	5♣	J♠	9♣	A♣	2♦	5♦
G	9♦	10♠	3♠	4♣	9♠	3♥
H	4♦	J♦	6♦	8♣	Q♣	2♠

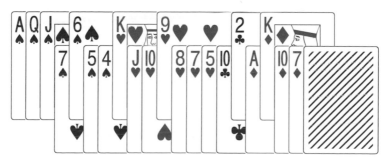

85

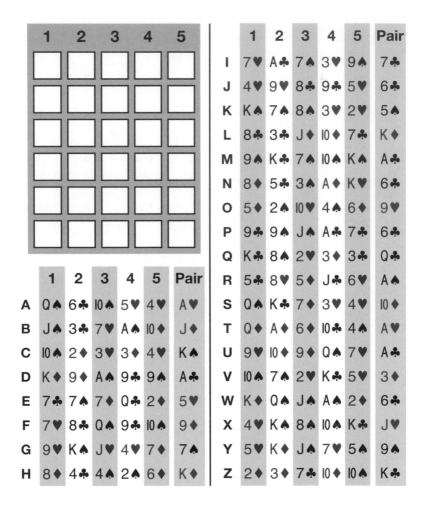

	1	2	3	4	5	Pair
I	7♥	A♣	7♠	3♥	9♠	7♣
J	4♥	9♥	8♣	9♣	5♥	6♣
K	K♠	7♠	8♠	3♥	2♥	5♠
L	8♣	3♣	J♠	10♦	7♣	K♦
M	9♠	K♣	7♠	10♠	K♠	A♣
N	8♦	5♣	3♠	A♦	K♥	6♣
O	5♦	2♠	10♥	4♠	6♦	9♥
P	9♣	9♠	J♠	A♣	7♣	6♣
Q	K♣	8♠	2♥	3♦	3♣	Q♣
R	5♣	8♥	5♦	J♣	6♥	A♠
S	Q♠	K♣	7♦	3♥	4♥	10♦
T	Q♦	A♦	6♦	10♣	4♠	A♥
U	9♥	10♦	9♦	Q♠	7♥	A♣
V	10♠	7♠	2♥	K♣	5♥	3♦
W	K♦	Q♠	J♠	A♠	2♦	6♣
X	4♥	K♠	8♠	10♠	K♣	J♠
Y	5♥	K♦	J♠	7♥	5♠	9♠
Z	2♦	3♦	7♣	10♦	10♠	K♣

	1	2	3	4	5	Pair
A	Q♠	6♣	10♠	5♥	4♥	A♥
B	J♠	3♣	7♥	A♠	10♦	J♦
C	10♠	2♦	3♥	3♦	4♥	K♠
D	K♦	9♦	A♠	9♣	9♠	A♣
E	7♣	7♠	7♦	Q♣	2♦	5♥
F	7♥	8♣	Q♠	9♣	10♠	9♦
G	9♥	K♠	J♥	4♥	7♥	7♠
H	8♦	4♣	4♠	2♠	6♦	K♦

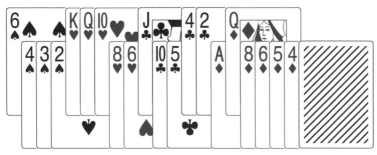

	1	2	3	4	5

	1	2	3	4	5	Pair
I	K♦	J♦	9♣	2♠	Q♥	J♣
J	7♦	8♦	Q♣	8♥	8♣	2♦
K	7♣	Q♠	Q♦	A♦	J♦	3♦
L	10♣	2♦	J♣	10♦	Q♣	A♣
M	8♦	Q♦	9♥	K♠	3♦	5♦
N	A♣	Q♥	K♦	Q♠	8♣	2♦
O	7♠	10♣	10♠	J♦	8♥	A♦
P	4♣	5♥	3♦	2♣	K♦	2♠
Q	7♣	K♥	Q♥	J♦	Q♠	10♠
R	10♥	Q♣	7♥	4♥	6♦	7♠
S	Q♦	Q♣	K♠	10♠	5♦	8♣
T	9♦	4♥	J♥	10♥	A♠	2♠
U	8♣	3♠	8♠	10♠	A♣	3♦
V	10♣	10♦	5♥	Q♦	9♣	Q♠
W	8♣	2♦	7♣	2♣	Q♣	4♣
X	7♦	9♣	10♠	7♠	10♦	J♣
Y	4♣	Q♥	K♥	Q♠	8♥	K♠
Z	2♠	K♣	3♠	3♦	4♦	5♦

	1	2	3	4	5	Pair
A	4♥	J♥	6♣	10♥	9♠	8♦
B	A♣	3♠	2♦	5♥	Q♥	8♣
C	6♥	9♠	2♥	9♦	7♥	7♦
D	9♥	2♠	3♦	K♣	K♥	Q♥
E	J♥	Q♦	Q♠	K♦	4♦	7♣
F	2♥	9♦	7♥	A♥	9♠	10♣
G	2♦	7♦	Q♠	8♣	K♥	K♣
H	K♠	2♣	4♦	9♥	8♦	Q♦

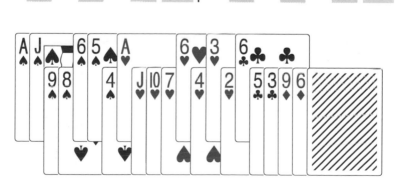

	1	2	3	4	5

	1	2	3	4	5	Pair
A	7♣	2♣	5♥	Q♥	Q♠	3♣
B	A♥	10♥	10♠	9♦	A♠	J♣
C	2♥	9♠	3♣	5♦	A♣	7♣
D	3♦	2♦	10♣	Q♦	Q♥	4♣
E	4♠	K♣	7♥	K♥	4♥	Q♠
F	8♠	4♦	3♠	10♦	K♠	Q♣
G	A♣	A♦	Q♠	2♦	3♣	A♠
H	9♣	10♣	J♣	2♣	3♦	9♠

	1	2	3	4	5	Pair
I	A♠	Q♣	8♣	J♥	2♥	3♣
J	J♣	3♥	7♣	Q♠	5♠	2♣
K	4♦	7♥	6♣	2♠	8♥	2♥
L	8♦	J♠	4♠	K♥	K♣	4♣
M	3♦	5♠	Q♠	Q♥	2♥	3♥
N	7♣	4♣	A♥	6♠	J♣	10♣
O	6♥	2♣	3♣	A♣	3♦	5♠
P	2♦	9♦	Q♣	Q♦	10♠	10♣
Q	3♣	2♥	Q♥	8♣	A♣	A♥
R	7♣	5♠	Q♦	6♠	3♦	J♥
S	10♣	9♠	9♥	5♥	4♣	6♥
T	Q♥	Q♦	J♣	10♠	A♠	3♥
U	4♦	K♠	7♠	K♦	3♠	A♥
V	J♦	3♥	A♠	Q♣	J♣	2♥
W	5♠	6♠	9♠	8♠	6♥	2♦
X	9♥	3♥	10♣	3♣	2♣	Q♣
Y	A♣	A♥	6♠	5♦	4♣	10♠
Z	9♣	9♦	3♦	Q♥	10♣	9♠

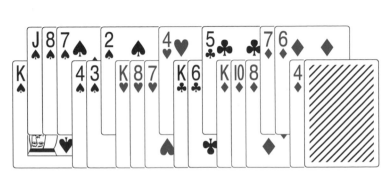

	1	2	3	4	5

	1	2	3	4	5	Pair
I	A♠	6♥	7♦	4♠	A♦	3♣
J	2♦	K♠	10♥	2♠	K♣	7♣
K	Q♦	K♦	Q♣	5♣	A♠	2♥
L	10♦	8♠	8♥	K♣	7♥	6♣
M	4♠	5♣	Q♠	K♠	9♦	8♣
N	A♠	5♠	8♥	7♦	7♥	Q♣
O	2♥	10♥	4♠	3♣	2♠	8♣
P	8♥	A♠	6♥	7♠	9♦	10♦
Q	5♣	8♣	3♦	K♠	5♠	10♥
R	Q♥	6♠	4♣	A♠	3♠	7♣
S	4♠	3♦	6♥	Q♦	9♦	Q♣
T	J♠	4♣	J♥	J♦	10♠	2♦
U	K♦	J♣	Q♣	7♥	5♠	8♣
V	2♠	9♥	10♥	9♦	8♥	10♦
W	10♣	5♦	3♠	J♥	4♥	3♦
X	5♠	2♦	8♠	K♣	7♦	9♦
Y	A♠	9♥	2♥	A♦	2♠	7♠
Z	K♥	8♥	6♥	K♦	Q♦	8♣

	1	2	3	4	5	Pair
A	10♠	A♥	4♦	4♥	Q♥	2♠
B	3♣	A♦	Q♠	7♠	10♥	8♠
C	2♦	Q♣	K♠	5♣	6♣	K♣
D	7♠	5♠	4♠	K♠	2♠	10♦
E	8♣	7♦	A♥	Q♣	8♥	7♥
F	4♠	K♠	9♥	7♣	2♥	6♥
G	K♦	K♣	Q♣	3♦	10♥	6♣
H	5♥	A♣	A♥	3♥	9♣	7♥

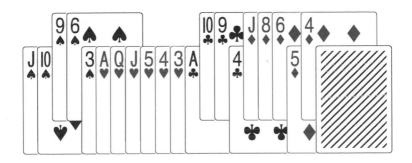

	1	2	3	4	5

	1	2	3	4	5	Pair
A	J♦	10♣	7♠	J♠	J♥	K♦
B	10♦	6♣	A♠	8♥	5♥	2♣
C	J♥	5♣	Q♠	9♠	Q♣	4♥
D	2♥	2♣	K♦	Q♥	8♥	3♣
E	8♦	Q♣	Q♠	5♣	10♣	7♥
F	A♣	3♣	J♣	10♦	K♠	3♠
G	9♥	8♣	A♥	A♦	Q♥	7♣
H	3♠	9♦	8♥	A♣	10♦	4♥

	1	2	3	4	5	Pair
I	4♣	A♥	10♥	K♣	Q♥	3♣
J	K♠	4♦	4♥	9♥	2♦	A♣
K	8♣	2♣	2♥	K♦	A♦	K♣
L	A♥	4♣	4♠	10♥	9♦	7♦
M	4♦	4♥	8♥	8♠	10♦	9♥
N	3♥	Q♦	Q♣	K♥	10♣	A♠
O	4♠	10♥	6♦	7♦	9♥	5♠
P	A♦	9♦	2♣	4♦	K♠	5♥
Q	10♦	4♥	6♣	J♣	A♠	K♦
R	9♦	2♥	9♥	8♣	10♥	7♦
S	4♦	J♣	3♠	2♣	4♥	7♣
T	J♦	5♦	5♣	Q♣	6♠	2♦
U	Q♥	A♦	2♥	A♥	A♣	5♥
V	4♥	3♣	8♣	2♣	3♠	7♣
W	8♠	A♣	9♦	10♦	6♣	2♥
X	6♦	8♥	3♣	K♣	4♥	A♥
Y	8♠	9♥	7♦	5♥	4♠	10♥
Z	2♦	4♦	8♥	3♠	3♣	K♠

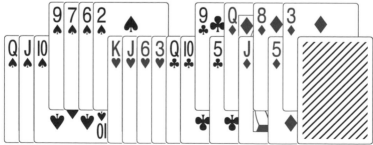

	1	2	3	4	5

	1	2	3	4	5	Pair
I	6♥	7♣	3♥	3♠	8♥	6♦
J	4♦	9♥	2♥	Q♥	8♣	7♦
K	Q♦	Q♠	5♦	9♠	6♠	4♣
L	8♦	5♣	2♦	4♥	10♦	10♥
M	10♠	Q♥	9♠	7♦	J♥	2♠
N	6♥	2♦	8♦	8♥	6♣	A♥
O	6♦	10♥	A♣	9♣	10♣	2♠
P	5♥	K♦	4♦	A♥	Q♣	3♦
Q	4♠	J♥	8♣	Q♠	10♣	Q♦
R	A♠	Q♠	Q♠	3♦	J♦	A♥
S	Q♥	6♦	2♥	4♠	8♠	10♠
T	5♦	9♥	J♦	K♦	10♥	K♣
U	4♦	Q♣	Q♦	9♠	2♠	5♥
V	7♦	A♥	7♠	10♥	3♦	A♦
W	J♦	A♣	4♦	6♠	Q♣	K♦
X	Q♥	8♣	7♦	5♦	K♣	5♥
Y	6♦	9♣	10♣	3♦	A♣	4♠
Z	Q♠	8♣	5♥	7♦	4♣	9♥

	1	2	3	4	5	Pair
A	7♥	J♠	4♥	9♦	8♦	J♥
B	A♥	3♦	10♥	K♣	Q♦	4♠
C	9♣	5♦	J♥	4♣	2♠	J♦
D	5♥	A♦	4♠	6♠	K♦	10♥
E	5♦	2♥	4♣	Q♥	8♣	J♦
F	J♥	7♠	10♠	4♦	K♥	4♠
G	4♥	J♣	2♦	K♠	3♠	K♣
H	Q♣	10♣	A♥	9♠	3♦	2♠

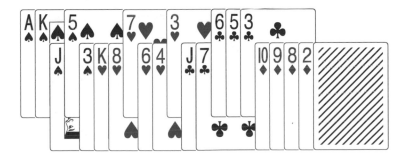

	1	2	3	4	5

	1	2	3	4	5	Pair
I	10♦	7♣	10♥	5♠	7♦	Q♠
J	J♥	6♣	K♦	A♣	10♠	2♦
K	4♥	7♥	10♥	5♥	7♣	8♣
L	5♠	9♦	9♣	6♥	A♣	J♣
M	6♣	A♠	3♦	8♦	K♦	3♠
N	A♦	J♥	7♣	5♠	9♣	5♦
O	J♠	10♠	A♠	7♥	9♥	6♠
P	8♠	7♣	A♣	J♣	3♦	A♦
Q	3♠	Q♣	6♠	J♠	10♥	6♣
R	6♦	A♥	4♠	9♠	5♣	10♦
S	8♥	7♠	4♦	3♣	K♠	K♦
T	Q♦	Q♣	A♥	J♦	9♠	5♦
U	3♣	3♥	10♣	4♣	4♠	5♣
V	5♦	8♦	8♣	8♠	A♦	7♣
W	5♥	9♦	J♥	4♥	K♠	9♣
X	J♠	A♦	8♣	6♣	2♦	7♠
Y	Q♣	K♣	3♠	4♠	2♠	J♣
Z	9♣	K♦	6♣	4♥	9♦	J♥

	1	2	3	4	5	Pair
A	9♣	6♠	8♦	8♣	6♥	7♦
B	10♥	4♥	9♥	K♠	J♣	5♠
C	7♥	Q♠	5♥	J♠	3♠	8♠
D	K♠	5♦	6♠	7♣	10♥	9♣
E	A♣	6♣	J♠	10♦	8♦	2♦
F	K♠	10♠	3♠	K♦	9♥	8♣
G	6♠	7♦	10♥	J♥	10♦	A♠
H	3♦	A♦	5♥	5♦	A♣	9♦

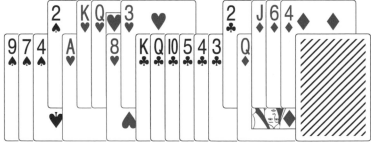

	1	2	3	4	5

	1	2	3	4	5	Pair
I	10♠	J♣	7♣	7♥	6♥	10♦
J	7♦	5♣	5♠	9♦	4♥	A♦
K	5♥	9♥	A♣	7♣	Q♦	K♣
L	10♦	8♠	4♥	9♦	9♠	6♥
M	5♥	7♥	A♠	5♣	A♦	7♣
N	9♥	9♦	4♠	10♦	6♣	6♥
O	8♦	3♥	Q♣	K♦	J♠	10♠
P	5♣	3♠	7♠	4♠	K♣	J♥
Q	4♥	10♠	5♠	A♠	4♦	A♦
R	4♠	9♠	3♠	7♣	10♦	J♦
S	6♣	5♠	10♠	6♥	A♣	5♥
T	9♥	4♠	8♥	9♦	7♣	J♥
U	K♠	2♣	10♣	A♥	J♠	4♦
V	Q♥	6♠	6♦	2♠	2♥	10♥
W	6♣	6♥	3♠	4♥	2♠	9♦
X	J♥	J♦	A♠	4♦	5♠	10♥
Y	9♠	9♦	K♥	Q♦	3♠	6♣
Z	2♦	9♥	5♥	Q♠	J♣	A♠

	1	2	3	4	5	Pair
A	6♣	8♠	J♣	5♣	8♥	7♣
B	K♣	9♥	2♦	10♠	K♥	J♦
C	9♦	8♥	Q♠	5♦	Q♦	A♠
D	K♣	4♥	5♣	3♠	10♦	A♦
E	2♠	Q♣	K♠	6♦	9♣	A♣
F	5♠	4♠	4♥	5♦	J♣	6♥
G	K♦	2♣	8♣	2♥	K♠	10♦
H	3♠	A♣	J♦	Q♠	2♦	4♥

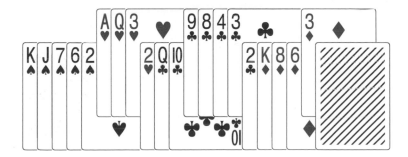

93

	1	2	3	4	5

	1	2	3	4	5	Pair
I	7♦	Q♦	4♠	7♣	9♠	K♥
J	3♦	K♣	6♦	A♦	7♠	6♠
K	9♣	2♠	9♦	J♠	J♣	6♣
L	4♥	10♥	K♣	5♦	8♥	A♦
M	Q♥	9♦	5♠	10♣	2♦	6♠
N	A♣	3♦	J♦	6♦	Q♠	3♥
O	2♠	8♥	6♠	A♦	4♣	J♣
P	6♦	6♣	3♥	K♣	3♦	J♦
Q	6♥	4♥	5♦	10♣	8♥	5♠
R	10♦	4♠	7♦	9♥	K♠	A♥
S	3♣	8♠	8♣	7♥	4♦	Q♣
T	4♠	9♠	5♣	7♦	10♦	6♠
U	J♣	6♣	A♥	K♥	5♠	4♥
V	K♦	8♥	4♣	2♠	J♦	J♠
W	3♥	5♦	A♦	J♣	K♥	4♥
X	2♠	10♥	5♥	J♦	9♣	K♣
Y	J♣	9♦	Q♠	8♥	A♥	3♥
Z	A♣	5♥	6♣	4♥	Q♥	K♣

	1	2	3	4	5	Pair
A	7♣	7♦	10♠	3♠	7♥	2♦
B	10♥	Q♠	4♥	2♣	A♦	K♥
C	5♠	6♠	6♦	J♦	6♥	9♦
D	K♥	8♥	4♣	K♣	10♥	5♥
E	A♣	6♥	9♦	4♥	5♠	J♣
F	6♦	7♠	K♦	K♥	9♣	3♦
G	5♦	3♥	9♦	Q♣	J♠	4♥
H	6♠	4♣	J♣	A♦	9♣	6♥

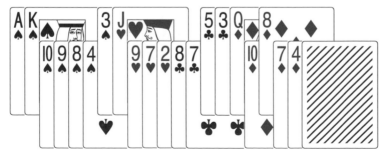

	1	2	3	4	5

	1	2	3	4	5	Pair
I	4♥	3♦	8♠	7♣	7♠	3♥
J	5♦	8♥	A♥	10♠	Q♥	K♠
K	8♠	5♣	A♦	A♠	4♥	J♣
L	Q♠	9♠	A♥	10♥	2♦	9♥
M	2♠	6♦	2♣	J♦	8♦	2♥
N	4♠	3♣	7♣	5♣	4♥	K♣
O	6♣	8♣	Q♣	6♥	8♠	10♣
P	2♣	5♦	4♦	7♥	9♦	3♥
Q	2♠	K♣	J♣	Q♥	0♥	9♠
R	4♠	K♣	7♥	0♥	9♦	2♦
S	2♥	4♦	10♣	9♣	5♦	J♥
T	K♣	K♠	8♦	3♥	9♠	10♥
U	J♦	0♥	5♥	8♦	2♥	9♥
V	4♦	Q♠	2♠	K♠	K♣	J♣
W	10♥	2♥	A♥	3♠	J♥	5♥
X	9♣	7♦	2♠	Q♦	K♠	7♥
Y	2♣	4♦	Q♠	3♥	5♥	A♥
Z	5♦	Q♦	2♠	J♦	Q♥	8♦

	1	2	3	4	5	Pair
A	K♣	5♥	A♥	10♠	K♠	Q♦
B	J♥	J♣	6♦	7♥	2♦	Q♥
C	A♥	3♠	J♦	8♦	4♦	K♦
D	Q♥	7♥	10♠	4♣	6♦	10♣
E	6♠	6♥	4♥	8♠	8♣	K♠
F	8♥	K♦	A♥	9♠	J♥	10♦
G	J♣	2♠	9♥	K♣	5♦	2♦
H	4♦	3♠	9♣	10♠	K♠	8♥

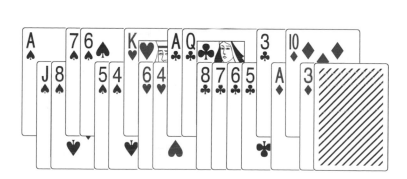

	1	2	3	4	5

	1	2	3	4	5	Pair
I	8♦	5♣	9♥	6♠	9♦	10♣
J	4♦	3♦	3♣	6♣	7♣	9♠
K	K♦	7♠	2♣	A♠	6♥	10♠
L	J♥	4♣	A♦	Q♠	2♠	J♠
M	5♣	Q♦	5♠	2♣	7♣	5♥
N	J♠	3♠	8♦	10♠	3♦	A♥
O	10♦	K♦	6♥	5♥	6♦	9♦
P	3♦	6♠	A♠	8♥	K♥	9♥
Q	9♣	6♥	10♦	Q♦	Q♣	7♣
R	3♠	8♥	8♦	6♣	3♦	5♥
S	K♥	10♦	9♣	9♥	5♣	A♥
T	2♠	Q♠	10♥	5♦	4♣	6♦
U	10♠	2♣	5♣	K♦	2♥	9♣
V	7♠	4♦	3♠	9♥	3♦	J♠
W	6♣	K♦	5♥	5♣	2♥	2♣
X	7♣	3♣	6♦	A♥	6♥	3♠
Y	K♠	9♦	8♥	6♣	5♣	5♠
Z	K♦	4♦	9♥	3♣	K♥	10♦

	1	2	3	4	5	Pair
A	3♥	J♥	8♠	8♣	7♥	2♣
B	A♠	5♥	7♣	9♠	10♣	3♦
C	K♥	4♦	Q♦	2♣	5♠	3♠
D	K♣	Q♠	2♦	4♣	10♥	6♣
E	4♥	Q♥	J♥	8♣	A♠	K♠
F	K♦	9♣	J♠	A♥	3♣	3♦
G	6♥	8♦	10♣	7♣	6♦	5♥
H	9♠	K♠	4♦	2♥	6♣	J♠

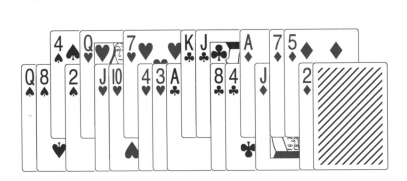

	1	2	3	4	5

	1	2	3	4	5	Pair
I	3♣	2♣	10♥	9♠	K♣	10♦
J	4♥	2♦	3♦	8♣	3♠	Q♦
K	K♣	5♥	8♠	2♣	Q♣	J♥
L	6♦	Q♦	3♠	5♦	2♠	4♣
M	6♥	4♥	9♥	3♥	7♠	5♥
N	9♦	2♦	7♦	6♣	Q♠	3♠
O	5♣	A♣	4♣	A♥	4♥	9♣
P	3♠	6♣	J♣	2♦	3♥	Q♠
Q	7♠	6♠	A♥	10♥	10♥	4♣
R	8♦	A♦	10♠	5♣	J♣	2♠
S	10♣	K♥	K♠	4♠	K♦	6♥
T	5♠	J♦	2♣	K♣	8♠	A♥
U	4♣	3♦	6♥	5♣	6♦	J♠
V	A♣	Q♠	5♠	A♦	J♥	8♦
W	Q♦	3♠	7♠	6♥	9♣	7♦
X	6♦	10♠	J♠	2♥	7♠	A♦
Y	9♣	10♥	5♦	4♣	J♥	6♥
Z	Q♠	2♥	7♥	10♠	A♣	3♦

	1	2	3	4	5	Pair
A	Q♠	A♣	J♠	J♥	A♦	Q♦
B	6♣	3♥	8♣	7♦	9♥	3♠
C	4♠	K♥	K♣	4♦	K♠	J♣
D	3♠	9♣	7♥	7♦	5♦	9♦
E	Q♥	5♣	10♠	A♥	4♥	2♠
F	4♣	9♥	3♦	9♣	J♥	3♠
G	4♥	J♠	8♣	6♦	Q♠	3♥
H	10♠	Q♥	7♥	2♦	7♠	J♥

	1	2	3	4	5

	1	2	3	4	5	Pair
I	9♥	10♥	2♠	Q♥	4♠	6♣
J	3♥	8♦	3♦	9♠	7♥	K♦
K	3♣	8♥	J♦	5♠	A♣	3♠
L	9♥	7♦	7♥	3♦	2♣	9♣
M	10♣	9♦	J♠	8♦	Q♣	3♣
N	7♥	8♦	3♦	2♥	6♣	8♣
O	7♣	3♥	K♦	10♠	Q♠	A♣
P	K♥	3♦	2♣	9♥	8♣	Q♥
Q	9♣	J♥	9♠	4♠	J♦	3♠
R	4♦	9♦	10♦	Q♦	J♠	7♣
S	4♣	4♥	A♠	8♠	6♥	9♠
T	6♣	8♥	J♦	4♠	3♠	Q♥
U	3♦	Q♠	5♣	A♣	K♠	K♦
V	10♥	3♠	7♥	9♥	2♥	3♥
W	J♣	A♦	10♦	4♥	10♣	8♥
X	7♣	4♠	3♥	K♥	A♣	Q♥
Y	3♣	3♦	10♠	2♥	5♣	9♥
Z	7♦	K♦	5♦	A♣	2♣	K♥

	1	2	3	4	5	Pair
A	A♠	J♣	7♠	9♦	2♦	Q♠
B	9♠	9♣	5♠	10♠	8♦	5♣
C	A♥	6♣	3♣	Q♠	8♥	8♣
D	2♥	K♠	9♥	7♦	2♠	3♥
E	7♥	Q♠	6♣	Q♥	9♣	3♦
F	2♠	7♣	2♥	8♣	8♦	J♥
G	K♦	10♠	Q♥	9♥	J♠	A♥
H	8♥	7♦	8♣	A♣	2♣	3♥

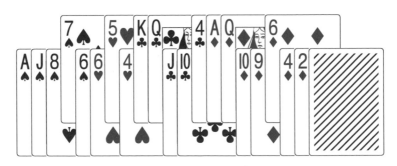

	1	2	3	4	5

	1	2	3	4	5	Pair
I	4♦	J♠	J♥	7♣	9♣	8♥
J	3♣	K♠	K♥	6♦	A♠	10♠
K	A♦	8♦	5♠	4♦	A♥	8♣
L	J♣	5♥	7♥	3♠	9♥	9♣
M	8♥	4♥	2♣	A♠	7♠	10♦
N	10♥	6♦	6♠	4♠	6♥	2♦
O	8♦	Q♥	J♥	7♣	K♠	A♠
P	Q♦	6♠	J♠	A♣	4♥	8♠
Q	Q♣	K♠	2♦	3♦	8♥	2♥
R	2♠	Q♠	5♥	4♣	9♦	10♦
S	3♣	A♦	J♠	10♥	7♣	10♠
T	A♠	4♥	6♥	2♥	8♦	4♦
U	2♦	A♣	J♥	7♣	5♠	9♣
V	4♥	K♦	K♠	A♥	8♥	2♣
W	7♠	2♠	6♣	10♣	5♣	4♠
X	8♥	4♥	8♠	6♦	Q♥	6♥
Y	10♥	3♦	9♣	A♥	A♣	10♠
Z	Q♦	K♦	4♠	2♥	3♣	Q♥

	1	2	3	4	5	Pair
A	5♣	5♥	5♦	3♠	J♣	10♠
B	8♥	A♥	K♦	4♥	Q♥	Q♦
C	8♠	6♥	2♦	J♠	2♥	A♠
D	Q♣	6♣	7♥	4♣	7♠	9♣
E	K♥	4♦	3♣	A♥	2♣	4♠
F	A♣	4♥	K♣	6♥	A♦	J♥
G	J♠	A♥	2♥	8♦	9♣	2♣
H	2♦	3♦	K♥	10♦	A♠	5♠

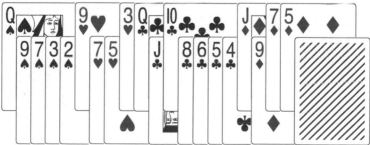

	1	2	3	4	5

	1	2	3	4	5	Pair
I	Q♥	10♣	10♦	6♠	5♣	A♦
J	Q♠	A♠	J♣	4♣	2♠	6♣
K	8♣	10♥	3♣	9♥	3♥	4♥
L	7♠	2♥	A♥	J♥	3♠	2♣
M	6♠	10♣	K♣	4♦	6♣	4♣
N	10♦	5♣	3♥	8♣	8♦	10♠
O	4♣	7♣	Q♣	3♣	Q♥	8♥
P	J♣	10♠	K♣	6♥	10♥	9♥
Q	9♦	10♦	8♣	2♣	3♥	5♥
R	K♥	7♠	6♦	7♥	3♠	9♠
S	10♦	8♦	4♥	4♣	5♥	10♣
T	Q♥	9♥	3♣	Q♠	6♥	5♣
U	2♦	9♣	2♥	7♥	K♦	J♣
V	6♥	2♣	10♠	10♥	10♣	9♠
W	Q♥	4♣	Q♠	A♠	5♣	9♦
X	2♣	10♣	10♦	8♦	3♣	9♥
Y	6♣	J♠	A♦	K♣	Q♣	7♣
Z	10♣	8♦	A♠	8♥	9♥	4♥

	1	2	3	4	5	Pair
A	6♥	J♠	8♥	8♣	K♣	4♥
B	Q♦	3♠	5♠	4♠	7♠	2♠
C	5♥	9♠	6♥	6♠	A♣	Q♣
D	4♥	2♣	A♠	4♣	A♦	Q♠
E	2♦	A♥	Q♦	6♦	7♥	5♣
F	A♣	3♣	K♣	10♦	8♦	Q♣
G	2♣	4♥	8♣	10♣	7♣	Q♥
H	8♥	9♠	5♥	2♠	J♣	Q♣

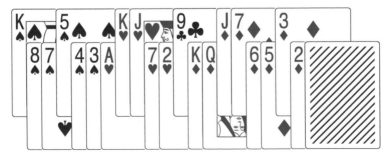

	1	2	3	4	5

	1	2	3	4	5	Pair
I	Q♥	4♠	7♣	2♦	A♦	Q♠
J	6♣	7♦	K♠	8♠	6♠	A♣
K	4♦	4♣	J♣	K♦	5♣	7♠
L	9♣	Q♠	8♣	10♠	7♥	4♥
M	5♥	K♥	J♠	6♥	6♣	4♣
N	5♦	9♠	8♥	2♠	K♣	Q♠
O	J♠	7♦	K♥	10♣	6♥	4♥
P	7♥	7♠	10♠	A♣	Q♦	Q♣
Q	1♠	Q♠	Q♦	8♣	Q♠	A♥
Π	J♣	K♦	3♦	7♦	2♥	A♠
S	7♠	5♣	10♠	A♥	A♣	6♦
T	K♣	8♠	5♦	5♠	9♦	K♠
U	7♠	7♥	A♣	4♦	10♠	J♥
V	J♠	K♠	3♦	Q♠	6♥	5♣
W	Q♣	5♥	K♥	6♦	Q♦	A♥
X	6♥	5♣	2♥	4♣	J♣	7♠
Y	6♣	Q♠	5♥	6♦	10♣	A♣
Z	J♥	K♥	6♥	9♣	3♦	J♣

	1	2	3	4	5	Pair
A	K♣	2♦	3♣	Q♥	J♦	7♥
B	5♣	K♥	J♠	A♥	9♣	Q♠
C	A♠	6♠	10♠	8♦	10♦	7♦
D	A♥	J♥	K♦	J♠	3♦	3♠
E	A♣	5♥	K♠	7♦	K♥	4♥
F	J♥	4♣	K♦	Q♣	8♣	3♠
G	10♥	3♥	A♦	5♠	5♦	K♠
H	2♥	A♠	5♥	4♦	7♠	A♣

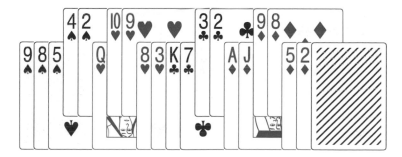

101

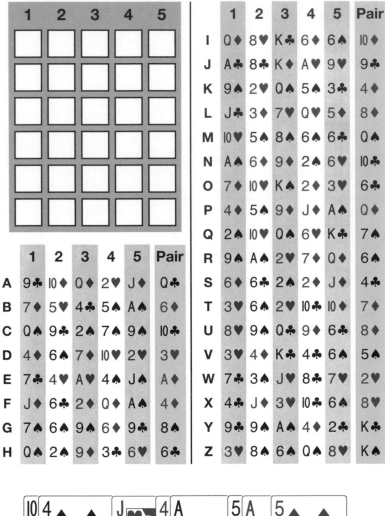

	1	2	3	4	5

	1	2	3	4	5	Pair
A	9♣	10♦	Q♦	2♥	J♦	Q♣
B	7♦	5♥	4♣	5♠	A♠	6♦
C	Q♠	9♣	2♠	7♠	9♠	10♣
D	4♦	6♠	7♦	10♥	2♥	3♥
E	7♣	4♥	A♥	4♠	J♠	A♦
F	J♦	6♣	2♦	Q♦	A♠	4♦
G	7♠	6♠	9♠	6♦	9♣	8♠
H	Q♠	2♠	9♦	3♣	6♥	6♣

	1	2	3	4	5	Pair
I	Q♦	8♥	K♣	6♦	6♠	10♦
J	A♣	8♣	K♦	A♥	9♥	9♣
K	9♠	2♥	Q♠	5♠	3♣	4♦
L	J♣	3♦	7♥	Q♥	5♦	8♦
M	10♥	5♠	8♠	6♠	6♣	Q♠
N	A♠	6♦	9♦	2♠	6♥	10♣
O	7♦	10♥	K♠	2♦	3♥	6♣
P	4♦	5♠	9♦	J♦	A♠	Q♦
Q	2♠	10♥	Q♠	6♥	K♣	7♠
R	9♠	A♠	2♥	7♦	Q♦	6♠
S	6♦	6♣	2♠	2♦	J♦	4♣
T	3♥	6♠	2♥	10♣	10♦	7♦
U	8♥	9♠	Q♣	9♦	6♣	8♦
V	3♥	4♦	K♣	4♣	6♠	5♠
W	7♣	3♠	J♥	8♣	7♥	2♥
X	4♣	J♦	3♥	10♣	6♠	8♥
Y	9♣	9♠	A♠	4♦	2♣	K♣
Z	3♥	8♠	6♠	Q♠	8♥	K♠

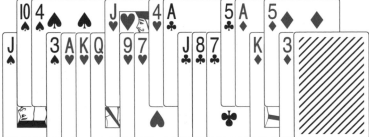

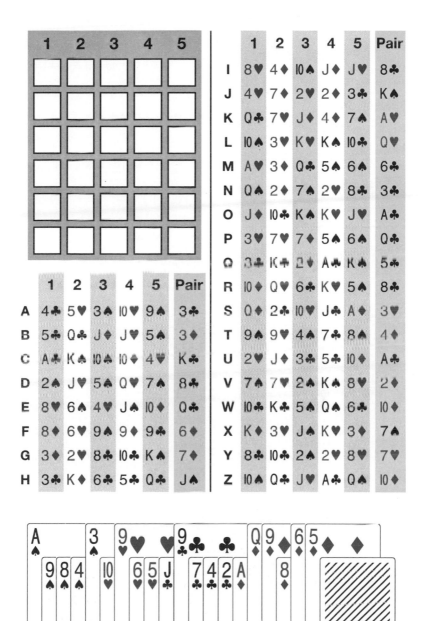

	1	2	3	4	5

	1	2	3	4	5	Pair
I	8♥	4♦	10♠	J♦	J♥	8♣
J	4♥	7♦	2♥	2♦	3♣	K♠
K	Q♣	7♥	J♦	4♦	7♠	A♥
L	10♠	3♥	K♥	K♠	10♣	Q♥
M	A♥	3♦	Q♣	5♠	6♠	6♣
N	Q♠	2♦	7♠	2♥	8♣	3♠
O	J♦	10♣	K♠	K♥	J♥	A♣
P	3♥	7♥	7♦	5♠	6♠	Q♣
Q	3♣	K♣	J♥	A♣	K♠	5♠
R	10♦	Q♥	6♣	K♥	5♠	8♣
S	Q♦	2♣	10♥	J♣	A♦	3♥
T	9♠	9♥	4♠	7♣	8♠	4♦
U	2♥	J♦	3♣	5♣	10♦	A♣
V	7♠	7♥	2♠	K♠	8♥	2♦
W	10♣	K♣	5♠	Q♠	6♣	10♦
X	K♦	3♥	J♠	K♥	3♦	7♠
Y	8♣	10♣	2♠	2♥	8♥	7♥
Z	10♠	Q♣	J♥	A♣	Q♠	10♦

	1	2	3	4	5	Pair
A	4♣	5♥	3♠	10♥	9♠	3♣
B	5♣	Q♣	J♦	J♥	5♠	3♦
C	A♣	K♠	10♠	10♦	4♥	K♣
D	2♠	J♥	5♠	Q♥	7♠	8♣
E	8♥	6♠	4♥	J♠	10♦	Q♣
F	8♦	6♥	9♠	9♦	9♣	6♦
G	3♦	2♥	8♣	10♣	K♠	7♦
H	3♣	K♦	6♣	5♣	Q♣	J♠

	1	2	3	4	5

	1	2	3	4	5	Pair
I	4♦	3♣	7♦	9♠	7♠	Q♠
J	5♣	4♠	6♦	A♠	8♥	9♦
K	K♥	2♠	J♥	3♦	7♠	2♣
L	3♣	4♦	9♠	8♥	5♥	5♠
M	K♠	9♣	Q♠	J♦	7♥	2♠
N	Q♥	9♦	A♠	5♣	3♠	3♦
O	10♦	5♦	A♦	7♣	4♥	6♣
P	3♥	A♣	8♦	4♣	10♣	6♦
Q	7♠	J♦	3♠	5♠	4♦	10♠
R	A♣	2♦	3♥	5♦	8♠	A♠
S	K♣	2♠	6♥	5♠	Q♦	5♥
T	8♣	5♦	8♠	4♣	Q♣	3♠
U	9♦	7♥	Q♠	9♣	K♠	6♣
V	4♠	7♠	3♠	K♥	K♣	2♥
W	2♠	9♠	7♥	9♣	J♦	J♥
X	6♦	Q♦	2♣	3♣	4♠	8♥
Y	2♥	5♠	5♥	9♠	J♦	9♦
Z	4♦	10♠	K♥	2♣	8♥	Q♥

	1	2	3	4	5	Pair
A	4♠	5♥	K♣	5♠	7♥	7♦
B	3♠	J♦	9♠	2♠	7♠	K♠
C	4♠	10♠	A♥	7♥	5♥	K♦
D	2♠	3♦	3♠	9♠	5♠	3♣
E	7♥	4♦	J♥	A♥	10♠	2♣
F	A♠	5♣	Q♥	5♥	J♦	6♦
G	K♦	2♥	Q♦	3♠	9♣	3♣
H	J♥	4♠	6♥	5♣	A♥	6♦

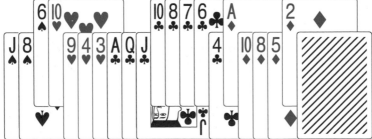

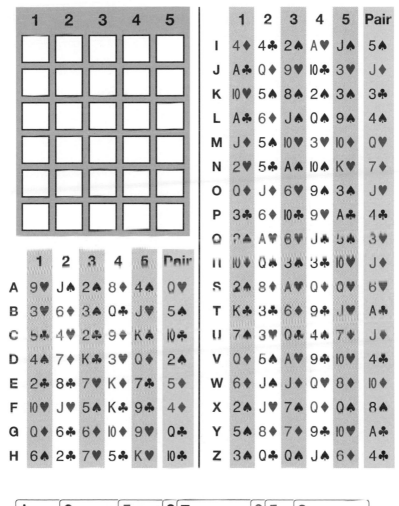

	1	2	3	4	5

	1	2	3	4	5	Pair
I	4♦	4♣	2♠	A♥	J♠	5♠
J	A♣	Q♦	9♥	10♣	3♥	J♦
K	10♥	5♠	8♠	2♠	3♠	3♣
L	A♣	6♦	J♠	Q♠	9♠	4♠
M	J♦	5♠	10♥	3♥	10♦	Q♥
N	2♥	5♣	A♠	10♠	K♥	7♠
O	Q♦	J♦	6♥	9♠	3♠	J♥
P	3♣	6♦	10♣	9♥	A♣	4♣
Q	2♠	A♥	6♥	J♠	5♠	3♥
R	10♦	Q♠	3♠	3♣	10♥	J♦
S	2♠	8♦	A♥	Q♦	Q♥	6♥
T	K♣	3♣	6♦	9♣	J♥	A♣
U	7♠	3♥	Q♠	4♠	7♦	J♠
V	Q♦	5♠	A♥	9♣	10♥	4♣
W	6♦	J♠	J♦	Q♥	8♦	10♦
X	2♠	J♥	7♠	Q♦	Q♠	8♠
Y	5♠	8♦	7♦	9♣	10♥	A♣
Z	3♠	Q♣	Q♠	J♠	6♦	4♣

	1	2	3	4	5	Pair
A	9♥	J♠	2♠	8♦	4♠	Q♥
B	3♥	6♦	3♠	Q♣	J♥	5♠
C	5♣	4♥	2♣	9♦	K♠	10♣
D	4♠	7♦	K♣	3♥	Q♦	2♠
E	2♣	8♦	7♥	K♦	7♣	5♦
F	10♥	J♥	5♠	K♣	9♣	4♦
G	Q♦	6♣	6♦	10♦	9♥	Q♣
H	6♠	2♣	7♥	5♣	K♥	10♣

	1	2	3	4	5

	1	2	3	4	5	Pair
I	7♥	2♠	10♣	A♥	10♥	4♦
J	9♣	K♥	Q♣	10♦	2♥	J♦
K	5♦	K♦	A♦	6♦	4♠	3♥
L	7♥	J♥	7♣	7♠	8♣	8♠
M	6♣	A♣	A♦	5♦	3♣	A♠
N	8♦	J♦	6♠	9♠	8♠	4♥
O	10♠	K♥	4♦	3♥	K♠	3♣
P	9♥	6♠	6♣	J♠	8♠	9♠
Q	4♠	10♠	K♣	K♥	A♠	7♠
R	9♠	5♣	4♥	Q♠	3♠	J♦
S	3♣	9♣	2♥	10♦	9♥	2♦
T	Q♣	A♣	6♣	K♦	3♠	8♠
U	5♦	6♠	9♣	4♦	10♠	2♦
V	4♣	Q♥	10♣	5♠	7♥	A♣
W	7♦	4♦	K♠	2♣	5♣	4♠
X	8♠	J♦	4♥	A♦	Q♠	Q♣
Y	3♠	7♦	2♥	3♣	2♣	K♦
Z	9♣	K♠	4♠	6♦	J♠	4♦

	1	2	3	4	5	Pair
A	10♣	6♥	3♦	7♠	8♣	8♠
B	6♣	10♠	K♦	3♣	5♣	9♠
C	K♥	4♥	A♠	10♦	9♥	J♠
D	2♠	5♠	9♦	J♥	Q♦	8♦
E	K♠	3♥	6♦	7♦	6♠	Q♣
F	J♠	8♠	2♥	A♠	2♣	9♠
G	10♦	9♥	J♦	10♠	3♣	3♠
H	9♠	2♣	A♣	6♦	8♠	6♠

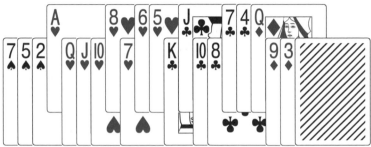

	1	2	3	4	5

	1	2	3	4	5	Pair
I	A♦	A♥	5♦	7♣	4♦	10♦
J	K♠	9♠	2♦	10♣	6♥	2♥
K	J♣	6♣	Q♦	3♠	J♥	9♥
L	Q♠	6♥	J♠	K♦	7♥	10♠
M	3♥	10♣	6♣	K♠	9♥	9♠
N	10♥	9♦	7♣	2♣	5♥	10♦
O	K♣	Q♠	3♥	3♠	7♠	2♣
P	2♠	J♣	6♥	10♠	8♦	A♠
Q	8♣	Q♥	4♥	J♥	Q♠	6♣
R	7♥	6♦	3♠	8♦	3♥	9♠
S	10♣	K♦	J♠	K♠	A♠	9♥
T	8♥	2♣	7♣	5♠	J♦	3♥
U	K♥	A♥	9♣	4♦	A♦	6♠
V	J♥	9♠	10♠	Q♠	2♠	J♣
W	6♥	9♥	7♠	4♥	8♣	8♠
X	3♠	9♠	10♠	Q♦	K♣	2♥
Y	8♥	5♥	7♣	4♦	A♣	7♠
Z	8♦	3♥	J♥	K♠	9♠	8♣

	1	2	3	4	5	Pair
A	6♦	J♥	K♣	2♦	7♠	8♣
B	3♦	K♠	9♠	A♠	Q♦	8♠
C	6♥	8♣	3♣	2♥	Q♠	6♠
D	K♠	8♠	9♥	4♥	K♣	2♠
E	9♠	6♦	10♠	Q♣	J♠	2♦
F	2♠	3♥	K♦	7♥	3♠	10♣
G	9♥	8♦	4♥	10♠	6♥	K♣
H	9♠	2♠	6♠	K♦	10♣	4♣

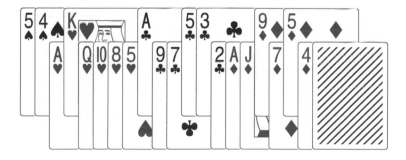

	1	2	3	4	5

	1	2	3	4	5	Pair
I	2♥	K♣	A♠	5♠	4♠	A♣
J	3♦	Q♣	9♣	8♣	6♣	7♠
K	8♦	10♥	3♣	A♦	4♣	A♣
L	K♣	10♠	7♠	6♦	4♦	3♥
M	3♦	J♥	8♣	5♠	K♥	2♦
N	10♠	6♥	6♦	K♣	4♦	5♣
O	A♦	10♣	7♣	J♣	8♦	10♦
P	7♥	2♣	Q♥	J♠	8♠	5♥
Q	K♦	8♥	5♠	J♥	9♣	4♣
R	8♦	7♥	Q♦	9♦	Q♥	2♦
S	A♥	J♣	J♠	A♦	8♠	8♣
T	6♦	A♣	Q♣	3♠	K♣	4♦
U	K♦	J♥	9♥	10♠	2♥	Q♠
V	4♥	4♦	2♦	6♥	6♣	8♥
W	K♣	7♠	6♦	4♠	9♥	Q♣
X	6♥	8♥	5♠	K♥	3♠	K♦
Y	6♣	J♥	8♣	A♠	9♥	7♠
Z	2♥	5♠	6♥	4♥	K♣	4♠

	1	2	3	4	5	Pair
A	J♥	9♣	10♠	4♦	5♥	2♦
B	5♠	3♠	K♦	A♣	K♣	6♥
C	Q♠	8♣	6♣	J♥	6♦	3♦
D	K♦	9♥	8♥	3♠	K♥	10♦
E	A♠	3♦	A♣	K♣	2♦	6♥
F	4♠	K♠	9♥	5♥	8♣	2♠
G	6♥	3♥	6♠	2♦	A♠	4♥
H	3♠	2♠	5♣	8♥	10♠	6♦

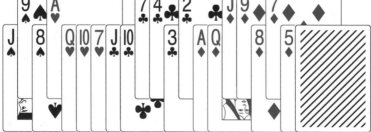

1	2	3	4	5

	1	2	3	4	5	Pair
I	A♣	4♦	J♣	J♥	10♠	K♥
J	Q♣	A♦	J♦	2♦	8♣	A♥
K	8♦	10♣	2♥	7♣	5♠	4♠
L	9♥	J♦	6♠	7♥	5♣	J♠
M	4♥	Q♠	2♥	5♥	5♠	2♦
N	10♠	2♠	4♣	3♥	10♥	6♠
O	K♦	3♠	9♠	J♥	K♣	8♣
P	5♥	5♣	6♠	8♦	A♥	J♦
Q	2♥	Q♣	A♠	A♦	8♣	9♥
R	5♠	Q♠	3♣	9♣	6♥	K♠
S	7♠	8♦	6♠	2♦	J♠	8♣
T	A♠	5♠	2♥	8♠	7♥	5♥
U	5♣	4♥	9♥	2♦	J♠	K♥
V	2♥	Q♣	A♠	7♠	9♦	K♠
W	4♥	7♣	9♥	9♣	3♦	3♣
X	2♠	K♥	2♥	5♠	5♦	7♠
Y	6♠	A♥	4♠	9♦	8♠	3♦
Z	9♥	5♣	K♣	2♦	5♠	7♣

	1	2	3	4	5	Pair
A	A♠	3♣	9♣	5♥	2♦	9♦
B	10♦	10♥	4♦	K♣	2♠	10♣
C	K♠	4♠	Q♣	9♥	Q♠	5♥
D	A♠	6♥	A♦	8♠	5♦	A♥
E	K♥	3♣	5♣	2♦	4♥	9♥
F	2♥	6♥	8♦	5♦	7♣	6♠
G	10♠	9♠	6♣	10♥	7♦	2♦
H	Q♠	7♣	Q♣	7♠	6♦	A♠

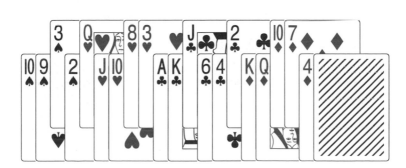

	1	2	3	4	5

	1	2	3	4	5	Pair
I	7♥	Q♣	Q♠	9♠	10♦	K♥
J	4♥	4♦	10♣	5♥	7♠	8♠
K	7♣	9♠	5♣	5♦	Q♠	8♣
L	9♣	3♥	8♦	J♥	10♣	10♥
M	K♠	4♦	3♣	K♦	5♥	6♠
N	Q♥	J♥	6♥	4♥	4♣	J♦
O	7♦	4♦	A♥	8♦	2♠	9♣
P	J♦	8♥	4♣	A♠	3♥	10♠
Q	A♥	5♥	K♦	8♠	Q♦	7♦
R	6♠	6♥	4♥	4♣	2♠	K♥
S	A♣	J♣	5♦	7♥	6♦	10♠
T	6♠	10♥	K♠	4♦	3♣	K♦
U	8♠	A♠	10♣	4♥	Q♦	8♣
V	J♥	K♥	2♦	9♦	9♣	J♦
W	4♦	A♥	Q♦	5♥	4♣	8♠
X	J♦	9♣	2♦	J♥	8♠	10♣
Y	2♣	3♦	7♠	5♦	7♣	2♠
Z	K♦	J♦	4♣	9♣	4♥	10♣

	1	2	3	4	5	Pair
A	8♠	Q♦	10♥	6♠	4♦	K♠
B	10♠	K♣	K♦	8♣	7♦	2♠
C	K♠	3♥	3♠	Q♦	9♦	5♥
D	K♦	10♥	J♦	8♠	9♣	6♥
E	3♦	7♥	A♥	J♠	7♠	8♥
F	4♥	K♦	A♠	2♠	8♠	9♦
G	J♥	6♥	8♦	9♣	8♥	3♣
H	J♦	K♦	5♥	K♣	4♦	4♣

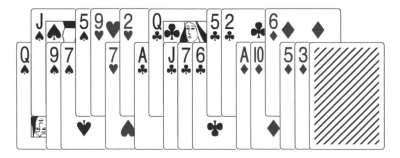

	1	2	3	4	5

	1	2	3	4	5	Pair
A	2♦	J♦	Q♠	4♠	8♠	9♦
B	A♣	9♠	2♥	2♠	A♠	3♠
C	8♠	Q♣	5♦	3♥	3♦	9♦
D	10♦	6♦	7♥	8♦	8♣	8♥
E	A♣	2♦	Q♣	9♣	Q♥	5♦
F	7♦	2♣	7♠	4♥	7♥	7♣
G	10♥	5♣	9♦	J♦	3♠	J♣
H	4♣	3♥	5♦	8♠	4♦	2♦

	1	2	3	4	5	Pair
I	J♣	Q♠	2♥	3♣	3♦	Q♣
J	6♣	A♣	2♠	A♠	J♦	5♣
K	9♥	5♦	4♦	Q♥	2♦	7♣
L	J♥	3♦	3♥	6♣	Q♠	3♠
M	9♣	4♣	A♠	Q♥	4♠	10♥
N	7♥	4♥	10♦	K♥	8♦	8♠
O	5♠	A♥	K♦	10♠	Q♦	6♥
P	3♣	9♥	A♣	5♥	4♦	3♦
Q	5♠	10♥	2♠	6♥	4♠	8♠
R	A♥	K♠	10♦	2♣	10♠	A♣
S	3♥	10♣	Q♥	3♣	Q♠	2♠
T	J♥	A♣	3♦	2♥	5♣	J♦
U	10♣	4♣	Q♣	4♦	5♦	2♦
V	8♠	9♥	A♠	J♣	9♣	6♣
W	9♠	9♦	4♠	8♥	Q♠	5♥
X	Q♥	8♠	9♣	J♥	10♥	5♣
Y	6♥	5♦	3♥	4♣	6♣	3♠
Z	9♦	J♦	8♥	J♥	Q♣	4♦

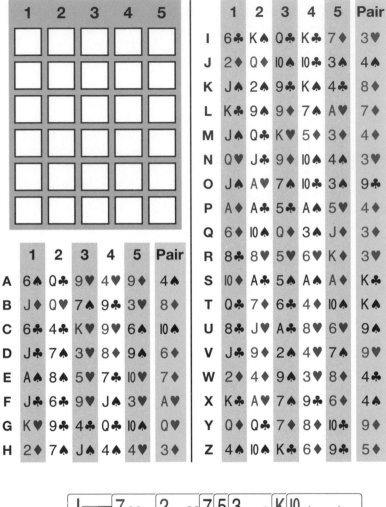

	1	2	3	4	5

	1	2	3	4	5	Pair
I	6♣	K♠	Q♣	K♣	7♦	3♥
J	2♦	Q♦	10♠	10♣	3♠	4♠
K	J♠	2♠	9♣	K♠	4♣	8♦
L	K♣	9♠	9♦	7♠	A♥	7♦
M	J♠	Q♣	K♥	5♦	3♦	4♦
N	Q♥	J♣	9♦	10♠	4♠	3♥
O	J♠	A♥	7♠	10♣	3♠	9♣
P	A♦	A♣	5♣	A♠	5♥	4♦
Q	6♦	10♠	Q♦	3♠	J♦	3♦
R	8♣	8♥	5♥	6♥	K♦	3♥
S	10♦	A♣	5♠	A♠	A♦	K♣
T	Q♣	7♦	6♣	4♦	10♠	K♠
U	8♣	J♥	A♣	8♥	6♥	9♠
V	J♣	9♦	2♠	4♥	7♠	9♥
W	2♦	4♦	9♠	3♥	8♦	4♣
X	K♣	A♥	7♠	9♣	6♦	4♠
Y	Q♦	Q♣	7♦	8♦	10♣	9♦
Z	4♠	10♠	K♣	6♦	9♣	5♦

	1	2	3	4	5	Pair
A	6♠	Q♣	9♥	4♥	9♦	4♠
B	J♦	Q♥	7♠	9♣	3♥	8♦
C	6♣	4♣	K♥	9♥	6♠	10♠
D	J♣	7♠	3♥	8♦	9♠	6♦
E	A♠	8♠	5♥	7♣	10♥	7♦
F	J♣	6♣	9♥	J♠	3♥	A♥
G	K♥	9♣	4♣	Q♣	10♠	Q♥
H	2♦	7♠	J♠	4♠	4♥	3♦

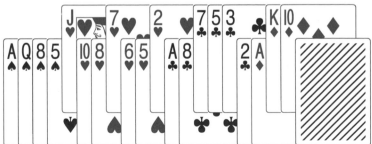

	1	2	3	4	5

	1	2	3	4	5	Pair
A	2♠	A♣	6♠	4♦	10♦	Q♥
B	Q♠	7♣	5♣	3♣	7♥	7♠
C	K♦	5♠	4♥	6♥	K♠	10♥
D	10♦	Q♣	J♠	8♣	7♠	K♣
E	6♣	4♣	J♣	A♦	3♥	10♥
F	2♥	3♠	9♠	J♠	A♥	K♣
G	2♠	4♣	9♣	3♥	10♣	2♦
H	3♣	4♠	K♠	8♦	8♠	3♦

	1	2	3	4	5	Pair
I	5♦	7♦	5♣	7♥	4♥	A♦
J	10♦	9♣	10♥	A♣	6♦	2♣
K	K♥	2♥	6♠	6♣	4♣	Q♥
L	A♣	J♦	J♣	3♦	K♣	9♦
M	2♠	A♥	4♣	6♦	8♣	7♠
N	2♦	Q♥	J♣	4♦	9♥	Q♣
O	3♥	10♣	2♥	6♦	9♣	9♦
P	A♣	K♣	9♥	9♠	2♣	4♣
Q	3♥	K♥	Q♣	1♦	J♠	U♣
R	4♥	7♥	10♠	3♣	4♠	K♣
S	9♣	A♥	4♣	9♦	Q♦	2♣
T	10♦	J♦	3♦	3♥	A♣	10♣
U	9♠	3♠	A♦	K♣	9♦	Q♥
V	7♠	A♥	4♦	K♥	4♣	6♠
W	Q♣	Q♥	J♦	9♥	10♦	6♣
X	2♥	4♣	6♠	2♦	10♥	2♠
Y	9♦	J♠	K♥	9♣	8♣	10♣
Z	9♥	3♥	A♥	6♦	3♦	Q♥

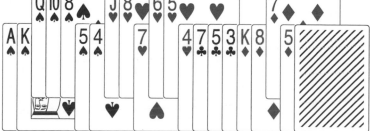

	1	2	3	4	5

	1	2	3	4	5	Pair
A	K♠	Q♥	A♣	10♥	A♦	10♠
B	3♦	2♠	4♥	6♣	8♥	4♦
C	4♦	K♣	7♦	Q♠	10♣	10♠
D	8♥	7♥	2♠	8♦	7♣	5♥
E	7♦	J♠	Q♣	5♠	3♣	10♦
F	4♠	3♦	9♦	K♣	2♣	3♥
G	9♠	A♥	A♣	Q♥	3♠	6♠
H	6♥	K♣	3♥	8♥	10♣	8♦

	1	2	3	4	5	Pair
I	5♠	8♣	9♦	5♦	J♠	4♦
J	A♠	2♠	3♥	7♣	3♦	7♦
K	8♠	4♥	2♣	5♥	10♣	6♥
L	A♣	2♥	J♥	Q♥	K♠	Q♦
M	10♠	3♦	J♠	2♣	4♠	6♥
N	7♦	3♥	10♣	2♠	9♥	3♣
O	9♣	2♣	K♣	8♠	4♦	8♦
P	10♣	4♠	2♠	3♦	Q♦	6♣
Q	8♠	Q♣	8♦	8♣	6♥	2♣
R	3♦	Q♦	4♦	10♣	4♥	5♦
S	Q♠	3♥	K♣	7♣	3♣	10♠
T	8♥	2♣	4♥	A♠	6♣	4♥
U	A♥	J♦	7♠	4♣	10♦	2♥
V	2♣	8♣	6♣	4♦	7♥	10♣
W	Q♣	K♣	9♣	4♠	7♣	5♠
X	2♣	2♠	3♦	9♥	Q♦	6♣
Y	A♠	4♦	9♣	8♠	8♣	9♦
Z	7♥	4♠	2♠	Q♠	J♣	8♦

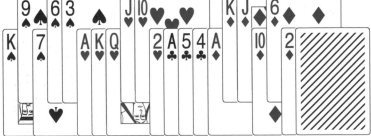

	1	2	3	4	5

	1	2	3	4	5	Pair
I	10♦	10♣	A♣	10♥	4♠	9♠
J	8♥	4♥	Q♦	3♠	5♠	9♣
K	10♣	6♣	7♠	K♦	5♣	A♣
L	9♠	3♣	8♥	8♦	5♦	8♠
M	6♦	5♣	3♠	6♣	4♦	10♦
N	9♦	J♣	7♠	J♦	10♣	K♥
O	7♦	5♥	K♣	6♠	7♥	Q♦
P	5♠	6♦	6♣	4♦	3♠	J♣
Q	4♠	K♥	10♥	A♦	Q♣	A♠
R	3♦	Q♥	2♥	K♣	7♠	3♣
S	9♠	K♥	10♥	6♣	9♣	8♦
T	2♦	7♥	A♥	4♣	8♣	4♠
U	Q♦	5♠	10♥	9♦	10♦	8♦
V	7♣	4♥	4♠	5♦	10♣	3♠
W	10♦	Q♦	A♣	9♠	Q♠	9♠
X	8♥	Q♣	9♦	A♠	10♥	K♦
Y	7♣	4♠	9♠	5♠	Q♦	3♣
Z	3♠	A♦	10♥	K♦	Q♣	8♥

	1	2	3	4	5	Pair
A	2♣	2♠	2♥	7♥	4♣	4♥
B	9♠	J♦	6♦	A♦	7♣	J♣
C	K♦	6♥	Q♠	4♥	5♠	Q♣
D	9♦	6♣	Q♦	4♠	9♠	9♣
E	6♦	4♦	A♦	K♦	4♥	10♥
F	8♠	5♣	6♥	A♣	3♣	3♠
G	J♥	K♣	2♣	2♥	7♥	9♦
H	5♠	A♦	8♥	4♥	4♦	Q♣

	1	2	3	4	5

	1	2	3	4	5	Pair
I	8♣	J♣	3♠	J♦	9♣	Q♦
J	6♥	7♣	3♥	3♦	K♦	2♠
K	K♠	6♦	10♦	6♠	A♣	8♣
L	4♣	Q♥	10♥	K♣	J♠	7♣
M	J♦	3♠	2♥	3♦	A♦	2♣
N	5♦	8♣	K♦	9♠	8♦	10♦
O	K♣	A♥	2♦	7♥	7♦	9♣
P	4♠	J♠	4♦	8♥	Q♥	Q♠
Q	8♦	J♥	J♦	2♣	6♣	A♣
R	10♠	4♥	K♣	8♥	10♣	J♣
S	Q♠	10♦	6♥	9♦	3♥	J♦
T	Q♦	A♣	K♠	3♦	3♠	7♣
U	K♦	8♦	9♦	9♥	8♣	J♦
V	J♣	3♥	A♣	K♠	6♣	7♠
W	A♠	7♣	3♣	5♣	3♦	2♠
X	J♣	Q♦	K♦	9♣	Q♠	6♦
Y	10♦	9♠	6♣	3♦	J♥	8♦
Z	Q♦	3♣	K♦	9♣	8♣	2♣

	1	2	3	4	5	Pair
A	Q♥	K♣	10♠	5♥	8♠	J♥
B	2♣	2♥	2♠	9♦	9♣	8♦
C	3♦	6♥	6♣	A♣	3♠	9♥
D	9♦	5♦	8♦	J♥	A♥	9♣
E	8♣	K♠	K♦	3♣	7♠	J♣
F	9♦	A♣	A♠	3♥	6♥	9♥
G	9♠	3♠	6♠	A♦	9♣	K♦
H	6♦	9♥	2♥	3♦	2♠	A♠

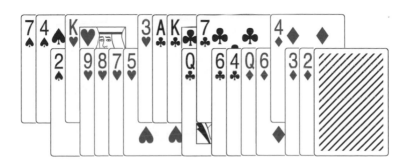

	1	2	3	4	5

	1	2	3	4	5	Pair
A	8♥	K♥	2♠	6♦	6♣	A♥
B	10♦	6♥	2♣	A♠	5♣	4♥
C	J♦	5♠	Q♥	8♠	5♦	Q♠
D	J♣	3♣	9♣	3♠	7♦	2♣
E	2♦	Q♣	4♣	3♦	A♣	8♦
F	J♥	10♣	2♥	Q♠	Q♥	10♦
G	3♣	6♥	A♦	7♦	10♠	K♠
H	9♦	3♠	J♦	2♥	Q♥	8♣

	1	2	3	4	5	Pair
I	6♥	7♦	10♦	9♠	J♣	4♥
J	9♦	10♠	6♠	K♠	J♠	8♠
K	8♣	9♠	5♠	A♦	3♠	4♥
L	5♣	Q♥	J♦	2♥	3♣	10♠
M	A♥	A♠	4♥	10♥	5♠	8♠
N	J♥	9♦	K♦	3♠	8♦	9♠
O	J♦	Q♠	4♥	6♥	A♥	7♦
P	7♠	4♣	Q♦	8♥	5♥	J♠
Q	Q♥	Q♠	K♦	A♠	A♥	6♥
R	6♠	Q♦	3♥	9♥	5♥	4♥
S	7♥	3♦	Q♣	7♣	2♦	10♣
T	7♦	4♥	10♦	5♠	10♥	10♠
U	A♦	Q♠	9♦	10♣	5♣	A♥
V	A♠	10♠	8♣	6♠	J♣	J♦
W	7♦	9♣	5♣	A♦	3♠	10♦
X	A♠	6♥	3♣	10♣	K♠	J♥
Y	5♦	Q♠	5♣	8♠	A♥	J♦
Z	10♣	9♦	10♠	4♥	6♥	6♠

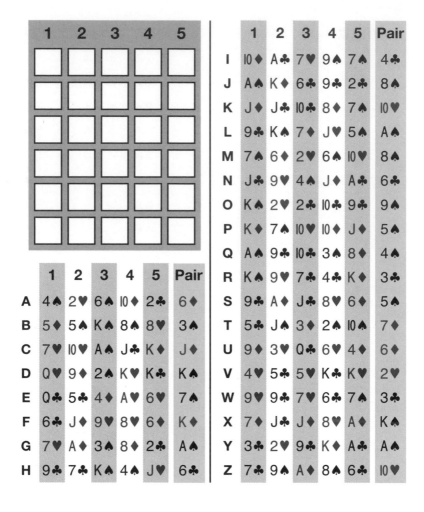

Empty grid:

1	2	3	4	5

	1	2	3	4	5	Pair
A	4♠	2♥	6♠	10♦	2♣	6♦
B	5♦	5♠	K♠	8♠	8♥	3♠
C	7♥	10♥	A♠	J♣	K♥	J♦
D	Q♥	9♦	2♠	K♥	K♣	K♠
E	Q♣	5♣	4♦	A♥	6♥	7♠
F	6♣	J♦	9♥	8♥	6♦	K♦
G	7♥	A♦	3♠	8♦	2♠	A♠
H	9♣	7♣	K♠	4♠	J♥	6♣

	1	2	3	4	5	Pair
I	10♦	A♣	7♥	9♠	7♠	4♣
J	A♠	K♦	6♠	9♣	2♣	8♠
K	J♦	J♣	10♣	8♦	7♠	10♥
L	9♣	K♠	7♠	J♥	5♠	A♠
M	7♠	6♦	2♥	6♠	10♥	8♠
N	J♣	9♥	4♠	J♦	A♣	6♠
O	K♠	2♥	2♣	10♣	9♣	9♠
P	K♦	7♠	10♥	10♦	J♦	5♠
Q	A♠	9♣	10♠	3♠	8♦	4♠
R	K♠	9♥	7♣	4♣	K♦	3♣
S	9♣	A♦	J♣	8♥	6♦	5♠
T	5♣	J♠	3♦	2♠	10♠	7♦
U	9♦	3♥	Q♣	6♥	4♦	6♦
V	4♠	5♣	5♥	K♣	K♥	2♥
W	9♥	9♣	7♥	6♣	7♠	3♣
X	7♦	J♣	J♦	8♥	A♦	K♠
Y	3♣	2♥	9♣	K♦	A♣	A♠
Z	7♣	9♠	A♦	8♠	6♣	10♥

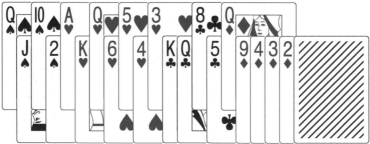

118

	1	2	3	4	5

	1	2	3	4	5	Pair
A	10♦	J♠	7♠	K♣	3♥	4♠
B	Q♦	Q♥	5♠	2♠	9♦	2♦
C	7♣	K♣	7♥	K♥	A♥	3♥
D	Q♦	5♣	A♣	5♥	4♣	J♠
E	5♦	6♦	3♣	3♠	Q♠	2♠
F	Q♥	3♥	7♥	A♥	8♠	4♥
G	3♣	K♠	2♥	J♦	8♦	A♣
H	8♥	6♦	9♥	4♦	7♦	A♦

	1	2	3	4	5	Pair
I	J♦	9♠	10♠	3♣	6♠	5♠
J	4♣	5♥	6♣	Q♦	7♠	9♦
K	4♥	8♠	A♥	7♣	K♥	5♣
L	6♣	K♣	10♣	J♣	J♠	8♣
M	J♥	4♥	9♦	5♠	2♠	4♣
N	6♥	A♦	7♥	K♦	4♠	A♠
O	8♠	3♥	2♠	10♦	4♣	K♣
P	5♥	7♥	Q♦	8♣	K♥	J♥
Q	4♥	9♣	2♣	10♣	K♦	J♠
R	7♠	A♣	5♥	K♥	6♣	5♣
S	K♠	A♣	4♣	8♣	4♥	10♣
T	Q♠	9♥	7♦	K♠	3♦	5♠
U	4♠	8♠	10♦	J♥	3♥	Q♦
V	Q♥	5♠	8♣	7♣	2♦	9♦
W	2♠	6♣	J♣	6♥	A♥	J♠
X	2♣	Q♦	J♥	A♣	Q♥	8♠
Y	7♠	8♣	10♦	3♥	A♠	K♥
Z	5♣	A♥	K♦	K♣	7♣	6♥

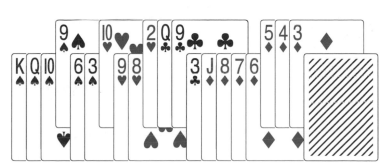

	1	2	3	4	5

	1	2	3	4	5	Pair
I	7♠	A♦	6♣	Q♠	9♣	4♥
J	5♠	Q♣	3♦	5♥	A♠	10♥
K	6♣	A♣	5♣	K♣	7♠	7♦
L	5♠	3♥	8♣	A♠	A♥	K♥
M	2♣	2♥	K♦	5♣	J♦	Q♣
N	10♦	3♦	K♣	4♥	7♠	Q♠
O	8♦	2♦	6♠	Q♥	10♠	10♣
P	3♦	6♣	9♣	Q♠	K♣	Q♣
Q	5♠	5♥	A♦	A♥	7♠	4♥
R	7♥	Q♣	A♣	3♦	5♣	10♦
S	8♦	7♣	Q♥	9♦	4♦	7♠
T	10♠	5♦	2♣	8♥	J♥	7♦
U	3♥	5♥	Q♦	4♥	K♦	A♠
V	7♦	9♠	A♦	10♣	Q♣	A♥
W	8♣	A♠	3♥	9♣	10♥	9♥
X	J♣	K♦	J♠	5♠	6♣	A♦
Y	3♦	J♦	K♥	K♣	2♣	7♠
Z	A♣	A♠	J♣	9♥	K♦	Q♣

	1	2	3	4	5	Pair
A	4♣	Q♥	4♠	6♦	8♥	3♥
B	9♥	J♠	J♦	5♥	6♣	K♥
C	8♠	4♣	7♣	10♠	6♦	K♦
D	J♠	J♦	7♦	9♠	K♣	A♦
E	5♣	A♥	K♥	8♣	5♥	3♥
F	7♥	10♣	A♦	2♣	A♥	K♦
G	10♦	4♥	J♠	7♠	2♥	K♣
H	K♦	7♦	K♥	9♠	A♠	2♣

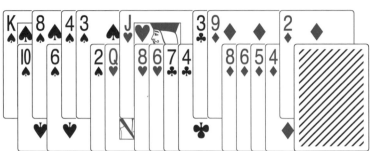

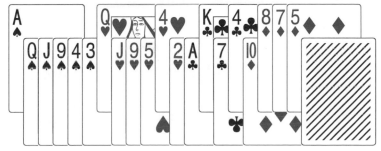

	1	2	3	4	5

	1	2	3	4	5	Pair
I	Q♣	9♦	8♣	8♥	10♥	3♥
J	6♦	2♠	2♦	3♣	2♣	8♠
K	K♠	3♦	10♠	Q♣	7♥	6♣
L	5♣	Q♦	9♣	3♣	J♣	K♥
M	6♦	6♣	3♦	2♣	8♣	A♥
N	9♦	3♥	K♥	7♥	4♦	6♠
O	2♥	10♦	5♦	Q♠	9♥	8♣
P	6♦	10♠	5♠	J♣	2♦	9♦
Q	3♣	K♥	J♥	4♦	10♠	2♣
R	4♠	J♠	A♣	K♣	2♥	5♠
S	A♠	5♥	Q♠	7♣	10♦	2♦
T	10♣	3♣	K♦	A♦	K♠	9♣
U	5♠	A♥	2♣	8♠	4♦	9♦
V	5♣	8♥	2♦	J♦	10♠	7♠
W	A♦	6♦	A♥	6♥	10♣	2♣
X	7♠	5♠	3♣	6♠	4♦	10♥
Y	6♥	6♣	10♠	J♣	6♦	7♥
Z	6♠	8♣	4♦	A♦	9♣	5♣

	1	2	3	4	5	Pair
A	6♠	7♠	A♦	8♠	Q♦	3♣
B	J♦	10♣	3♥	3♦	2♠	Q♣
C	2♥	7♦	Q♠	9♠	A♣	4♦
D	6♠	3♣	8♥	7♥	3♦	A♥
E	9♠	J♠	4♠	3♠	4♣	K♥
F	Q♣	2♠	3♦	6♠	10♥	J♦
G	10♠	10♣	7♠	A♥	9♠	7♥
H	K♦	Q♦	K♠	2♦	6♥	9♣

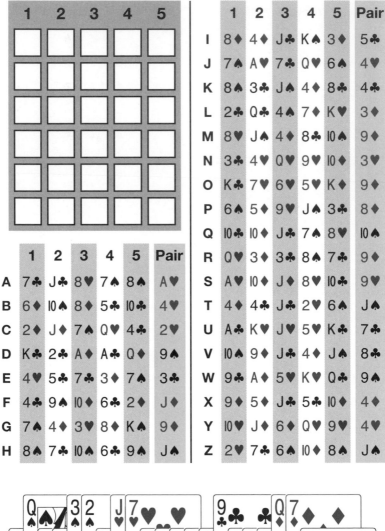

	1	2	3	4	5

	1	2	3	4	5	Pair
I	8♦	4♦	J♣	K♠	3♦	5♣
J	7♠	A♥	7♣	Q♥	6♠	4♥
K	8♠	3♣	J♠	4♦	8♣	4♣
L	2♣	Q♣	4♠	7♦	K♥	3♦
M	8♥	J♠	4♦	8♣	10♠	9♣
N	3♣	4♥	Q♥	9♥	10♦	3♥
O	K♣	7♥	6♥	5♥	K♦	9♦
P	6♠	5♦	9♥	J♠	3♣	8♦
Q	10♣	10♦	J♣	7♠	8♥	10♠
R	Q♥	3♦	3♣	8♠	7♣	9♦
S	A♥	10♦	J♦	8♥	10♣	9♥
T	4♦	4♣	J♣	2♥	6♠	J♠
U	A♣	K♥	J♥	5♥	K♣	7♠
V	10♠	9♦	J♣	4♦	J♠	8♣
W	9♣	A♦	5♥	K♥	Q♣	9♠
X	9♦	5♦	J♣	5♣	10♦	4♦
Y	10♥	J♦	6♦	Q♥	9♥	4♥
Z	2♥	7♣	6♠	10♦	8♠	J♠

	1	2	3	4	5	Pair
A	7♣	J♣	8♥	7♠	8♠	A♥
B	6♦	10♠	8♦	5♣	10♣	4♥
C	2♦	J♦	7♠	Q♥	4♣	2♥
D	K♣	2♣	A♦	A♣	Q♦	9♠
E	4♥	5♣	7♣	3♦	7♠	3♣
F	4♣	9♠	10♦	6♣	2♦	J♦
G	7♠	4♦	3♥	8♦	K♦	9♦
H	8♠	7♣	10♠	6♣	9♠	J♠

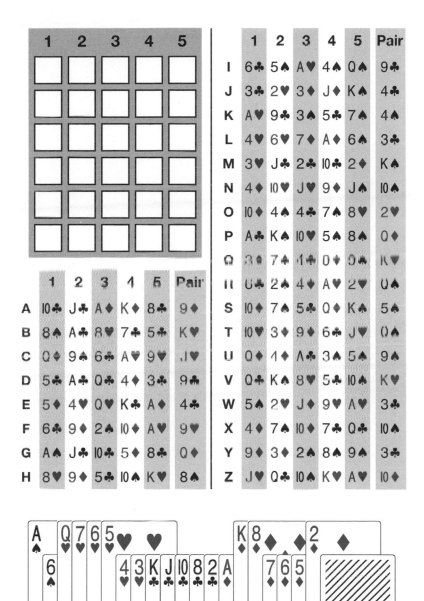

	1	2	3	4	5

	1	2	3	4	5	Pair
A	K♠	10♦	9♥	3♦	4♠	6♥
B	6♦	J♦	4♦	9♠	3♣	8♦
C	J♠	7♠	6♥	10♣	5♥	10♥
D	4♦	K♠	6♦	4♥	9♠	A♠
E	A♥	K♥	5♣	Q♣	A♦	3♦
F	10♣	A♠	9♥	6♥	10♦	J♣
G	Q♠	A♣	4♣	7♠	5♠	J♦
H	10♣	4♥	5♥	7♥	8♦	8♣

	1	2	3	4	5	Pair
I	J♦	5♠	Q♠	9♠	4♦	10♥
J	2♥	7♠	Q♥	6♣	A♠	9♥
K	3♦	J♣	4♦	10♣	5♥	J♦
L	6♠	7♦	8♠	8♥	5♣	5♦
M	J♦	10♣	9♠	2♥	Q♥	4♥
N	10♦	K♠	4♠	5♥	4♣	7♥
O	5♠	3♦	10♥	4♦	6♣	3♣
P	2♣	10♠	A♥	Q♦	8♥	10♦
Q	J♣	2♥	6♥	10♣	5♠	4♣
R	4♥	7♠	5♦	9♥	6♦	8♣
S	7♦	A♥	6♠	2♦	K♦	9♠
T	4♠	9♦	9♣	10♥	6♣	8♦
U	Q♦	3♠	3♥	7♦	6♠	9♠
V	5♥	Q♦	4♥	K♠	8♦	7♥
W	6♦	10♣	4♣	3♣	A♣	9♥
X	4♥	5♦	A♠	Q♠	4♠	10♥
Y	6♦	7♥	2♥	A♣	J♦	7♠
Z	3♣	5♥	J♠	4♦	A♠	6♥

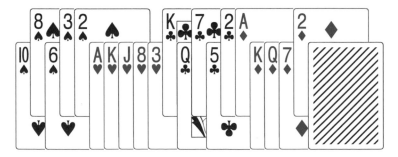

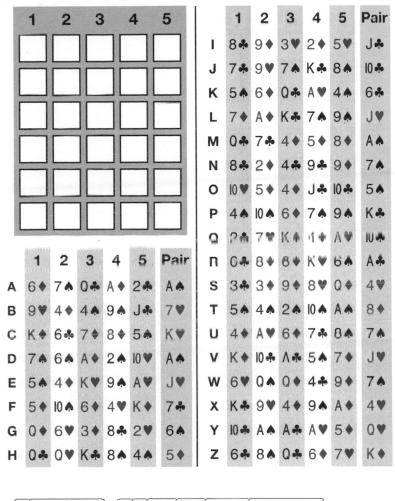

	1	2	3	4	5

	1	2	3	4	5	Pair
I	8♣	9♦	3♥	2♦	5♥	J♣
J	7♣	9♥	7♠	K♣	8♠	10♣
K	5♠	6♦	Q♣	A♥	4♠	6♣
L	7♦	A♦	K♣	7♠	9♠	J♥
M	Q♣	7♣	4♦	5♦	8♦	A♠
N	8♣	2♦	4♣	9♣	9♦	7♠
O	10♥	5♦	4♦	J♣	10♣	5♠
P	4♠	10♠	6♦	7♠	9♠	K♣
Q	2♠	7♥	K♠	4♦	A♥	10♣
R	6♣	8♦	8♥	K♥	6♠	A♣
S	3♣	3♦	9♦	8♥	Q♦	4♥
T	5♠	4♠	2♠	10♠	A♠	8♦
U	4♠	A♦	6♦	7♣	8♦	7♠
V	K♦	10♣	A♣	5♠	7♦	J♥
W	6♥	Q♠	Q♦	4♣	9♦	7♠
X	K♣	9♥	4♦	9♠	A♦	4♥
Y	10♣	A♠	A♣	A♥	5♦	Q♥
Z	6♣	8♠	Q♣	6♦	7♥	K♦

	1	2	3	4	5	Pair
A	6♦	7♠	Q♣	A♦	2♣	A♠
B	9♥	4♦	4♠	9♠	J♣	7♥
C	K♦	6♣	7♦	8♦	5♠	K♥
D	7♠	6♠	A♦	2♠	10♥	A♠
E	5♠	4♦	K♥	9♠	A♥	J♥
F	5♦	10♠	6♦	4♥	K♦	7♣
G	Q♦	6♥	3♦	8♣	2♥	6♠
H	Q♣	Q♥	K♣	8♠	4♠	5♦

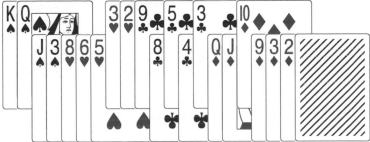

1	2	3	4	5

	1	2	3	4	5	Pair
I	5♠	J♥	3♠	4♥	7♦	9♥
J	Q♥	Q♣	10♦	9♣	A♠	2♣
K	9♠	7♥	J♦	K♥	K♦	3♠
L	Q♥	7♦	2♣	J♥	10♥	8♦
M	2♥	3♠	A♣	J♦	10♠	4♦
N	Q♥	K♦	10♥	A♠	5♣	4♠
O	A♥	9♠	A♣	5♥	4♥	8♦
P	9♥	9♣	9♦	J♦	Q♣	10♠
Q	A♠	2♥	9♠	A♦	A♣	4♦
R	J♣	3♥	J♠	8♣	4♣	K♣
S	5♥	J♦	4♥	9♦	J♥	5♠
T	10♦	4♦	10♥	2♥	9♣	Q♣
U	4♣	Q♦	8♣	J♣	10♣	8♦
V	A♣	A♠	2♣	3♣	5♠	9♥
W	9♣	Q♣	6♥	J♥	7♦	10♥
X	Q♥	2♣	A♦	9♠	10♦	A♣
Y	8♥	6♦	6♠	J♣	K♠	3♠
Z	A♠	9♦	4♦	J♦	5♣	A♦

	1	2	3	4	5	Pair
A	10♥	2♦	3♠	Q♣	8♦	5♣
B	2♣	4♥	5♥	Q♥	J♦	3♣
C	3♠	J♥	9♠	4♦	10♥	5♠
D	7♥	Q♥	10♠	5♣	K♥	6♥
E	A♦	8♦	3♣	A♠	5♠	9♠
F	6♣	8♥	4♣	6♠	2♠	7♥
G	K♥	A♠	4♥	10♠	9♥	K♦
H	2♦	9♠	Q♥	J♦	6♥	8♦

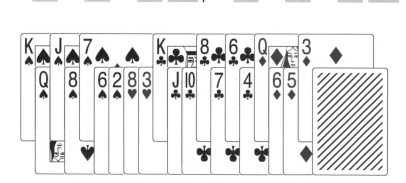

	1	2	3	4	5

	1	2	3	4	5	Pair
I	Q♠	Q♣	8♣	J♥	2♥	K♠
J	A♥	J♣	6♠	6♦	8♠	9♣
K	10♥	A♠	2♥	6♥	4♣	K♠
L	Q♦	K♥	3♥	J♣	9♠	9♣
M	10♦	9♦	10♠	J♦	3♦	Q♣
N	9♠	8♣	6♥	7♠	10♥	2♠
O	9♥	Q♣	K♣	Q♠	4♣	A♠
P	J♥	2♠	3♠	9♠	3♥	A♦
Q	6♣	6♥	K♥	6♠	0♥	J♣
R	K♠	4♣	Q♣	A♠	6♦	0♥
S	7♠	8♠	6♣	10♣	K♠	9♠
T	2♣	3♦	7♠	A♣	10♠	7♥
U	6♣	K♥	A♠	6♦	6♠	K♣
V	6♥	9♥	8♠	2♥	A♥	8♣
W	10♣	Q♥	K♥	J♠	Q♣	A♠
X	3♠	Q♠	A♥	6♥	K♠	Q♦
Y	6♦	7♠	5♦	6♠	K♥	9♣
Z	A♦	8♣	9♥	Q♥	10♣	Q♠

	1	2	3	4	5	Pair
A	K♦	4♦	9♦	8♥	10♠	8♠
B	Q♥	5♦	Q♠	6♥	6♣	J♥
C	2♠	8♣	9♣	J♣	A♣	Q♣
D	5♦	9♥	K♣	J♥	A♥	8♠
E	4♣	5♣	8♦	8♥	3♣	5♠
F	A♠	6♣	9♠	2♥	A♦	3♠
G	8♠	Q♠	10♥	Q♥	8♠	6♥
H	A♠	9♠	6♦	J♣	6♣	Q♦

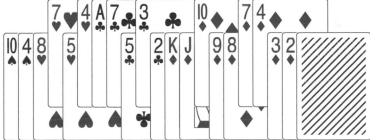

	1	2	3	4	5

	1	2	3	4	5	Pair
I	9♥	5♣	A♠	J♦	6♠	K♠
J	3♦	3♣	2♦	4♦	2♣	Q♣
K	K♠	9♣	10♦	K♦	5♠	8♣
L	7♥	4♥	A♦	K♥	2♥	J♦
M	5♣	9♣	2♣	8♠	9♥	A♠
N	J♣	4♠	Q♠	9♦	K♣	8♠
O	J♠	6♥	J♦	8♦	2♣	9♥
P	5♦	4♣	10♠	2♠	A♥	6♦
Q	J♣	4♠	K♦	J♦	3♦	7♠
R	4♦	9♦	5♠	6♠	9♥	Q♠
S	3♥	2♠	10♥	7♥	A♥	4♠
T	2♥	10♠	A♣	K♥	7♣	K♦
U	5♠	J♣	6♠	K♠	2♣	10♦
V	5♣	4♠	9♣	6♥	Q♣	8♥
W	A♠	J♣	4♦	3♦	8♣	K♣
X	K♦	5♠	K♦	6♦	8♠	6♠
Y	Q♠	10♦	6♣	6♥	J♦	9♦
Z	8♣	3♣	8♦	6♦	7♦	J♠

	1	2	3	4	5	Pair
A	J♥	A♥	5♦	Q♦	7♥	2♦
B	Q♠	8♥	9♥	2♣	8♣	3♠
C	6♦	6♥	A♠	4♠	K♦	J♠
D	2♣	J♣	Q♠	9♦	10♦	6♠
E	8♦	2♥	7♠	3♦	6♣	3♠
F	4♦	6♠	8♠	J♦	J♣	10♦
G	6♦	6♣	5♣	K♣	J♠	3♣
H	4♦	K♦	2♦	4♠	9♦	9♣

	1	2	3	4	5

	1	2	3	4	5	Pair
I	10♦	4♥	7♠	A♦	6♣	2♥
J	10♥	Q♥	K♦	2♠	K♠	10♠
K	8♥	7♣	6♦	2♥	A♥	4♠
L	9♥	7♠	3♦	A♠	A♦	10♣
M	6♦	2♠	2♣	2♦	9♠	3♥
N	9♦	7♣	7♥	4♣	A♥	9♣
O	2♥	4♠	3♥	K♠	8♠	10♣
P	J♣	Q♠	K♥	2♠	K♦	4♦
Q	5♥	8♥	2♠	6♠	Q♠	4♣
R	A♥	7♦	10♥	10♣	8♣	2♥
S	2♦	9♣	6♦	Q♥	7♣	8♥
T	A♥	2♥	8♣	K♦	K♠	2♣
U	6♦	10♠	7♦	6♠	8♣	3♥
V	2♥	Q♠	10♣	5♥	4♠	4♣
W	10♥	4♦	8♣	7♥	9♦	J♠
X	7♦	A♥	K♠	6♦	K♥	10♠
Y	10♣	2♥	4♠	2♣	8♣	K♦
Z	5♥	9♦	4♣	Q♥	J♠	10♥

	1	2	3	4	5	Pair
A	10♠	3♥	8♦	J♣	K♠	4♣
B	2♠	10♣	2♥	K♦	2♦	A♥
C	J♥	7♠	Q♣	5♦	A♦	10♠
D	Q♠	5♥	7♦	2♣	J♠	10♣
E	9♠	K♠	6♦	8♥	7♣	A♥
F	6♥	3♠	10♦	A♦	Q♣	J♠
G	6♦	7♥	2♠	K♦	Q♠	9♦
H	9♥	J♥	A♠	K♣	J♦	10♠

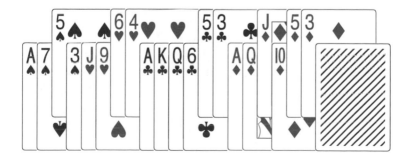

	1	2	3	4	5

	1	2	3	4	5	Pair
I	4♠	3♦	10♦	10♠	9♦	2♣
J	3♣	Q♥	4♥	K♣	A♠	3♠
K	J♥	5♥	8♥	10♥	9♣	3♦
L	3♣	4♦	4♠	9♦	2♣	6♥
M	5♥	10♦	5♠	8♥	5♣	6♠
N	K♦	Q♠	K♠	J♥	K♣	2♦
O	J♦	10♥	3♣	8♥	A♦	3♠
P	5♣	10♠	K♠	9♣	10♦	6♥
Q	Q♣	10♥	K♦	6♠	2♦	9♠
R	5♦	7♦	2♠	8♠	8♦	Q♦
S	K♠	5♣	K♥	J♦	3♦	2♦
T	A♠	K♦	9♦	Q♥	4♦	3♠
U	2♣	7♣	4♠	5♣	K♣	8♥
V	J♠	A♥	8♠	9♥	2♠	4♦
W	4♠	10♠	3♣	2♠	J♦	10♦
X	Q♥	Q♠	5♣	2♠	A♦	K♣
Y	K♠	J♦	6♥	Q♦	4♥	5♥
Z	6♥	5♠	4♦	Q♠	K♦	10♥

	1	2	3	4	5	Pair
A	2♥	10♣	6♦	A♥	4♣	4♦
B	3♠	2♣	K♠	J♦	6♠	A♠
C	3♣	K♥	5♠	9♦	Q♣	7♣
D	5♣	4♥	8♥	4♦	K♣	3♦
E	5♦	A♣	J♠	2♠	7♥	7♣
F	10♠	J♥	Q♦	6♠	K♣	Q♠
G	3♥	9♠	A♥	8♠	2♥	4♥
H	J♥	K♠	J♦	5♣	K♦	K♣

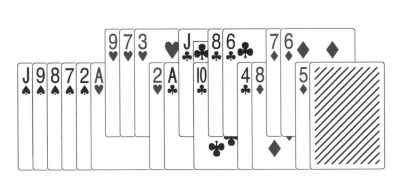

	1	2	3	4	5

	1	2	3	4	5	Pair
I	K♠	10♣	9♣	10♥	5♣	A♣
J	5♦	8♥	Q♣	3♣	2♣	A♦
K	6♠	8♣	K♦	7♦	3♦	3♠
L	K♣	9♠	8♥	9♥	K♥	6♥
M	3♠	2♥	A♦	8♣	7♣	3♥
N	6♥	5♦	4♦	9♦	Q♦	J♦
O	3♥	3♦	K♦	9♥	J♠	2♣
P	A♣	J♦	K♣	Q♣	A♥	6♥
Q	5♠	8♣	2♥	J♠	J♥	K♦
R	5♣	K♠	6♣	2♦	4♣	6♠
S	4♠	Q♠	5♠	9♣	5♥	8♥
T	7♠	A♠	2♣	6♣	10♦	Q♦
U	J♣	9♥	7♦	Q♣	8♣	9♦
V	K♦	8♠	J♠	3♠	Q♦	9♠
W	7♣	7♦	2♣	3♦	4♥	6♠
X	K♦	3♥	5♦	J♥	2♠	J♣
Y	3♦	A♦	K♣	9♠	3♠	K♥
Z	K♦	9♦	3♥	J♣	J♥	A♣

	1	2	3	4	5	Pair
A	6♦	2♦	8♦	5♣	5♥	A♣
B	8♥	3♠	8♣	K♦	J♣	K♥
C	4♦	K♣	6♠	2♥	2♠	9♠
D	8♥	8♠	3♦	J♠	2♣	Q♦
E	3♠	9♥	J♥	K♥	4♥	7♦
F	6♥	6♠	8♠	7♣	Q♣	8♥
G	8♣	A♥	K♦	3♥	J♠	2♥
H	5♦	8♥	7♦	3♣	6♠	Q♦

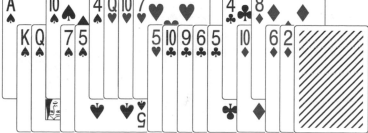

	1	2	3	4	5

	1	2	3	4	5	Pair
I	A♣	10♦	2♦	8♥	A♠	Q♥
J	9♠	3♦	5♥	10♠	6♦	4♣
K	8♠	A♣	8♥	2♠	Q♦	Q♣
L	2♣	3♥	6♥	J♣	6♦	10♦
M	Q♥	5♦	8♥	3♣	Q♦	J♦
N	A♦	3♠	6♣	10♣	7♥	10♦
O	10♥	7♦	5♠	J♥	K♠	10♠
P	8♠	3♦	A♣	4♣	2♥	3♥
Q	2♠	Q♣	8♣	K♣	6♥	J♠
R	K♠	Q♠	6♣	J♥	4♦	10♠
S	6♦	J♠	9♠	10♦	9♥	7♠
T	8♠	6♥	2♠	4♠	3♣	5♣
U	Q♥	2♣	4♣	2♥	3♥	Q♣
V	9♠	K♣	3♦	5♥	J♦	9♥
W	K♦	4♦	10♣	7♠	3♠	8♦
X	Q♣	J♦	2♥	7♠	6♦	6♥
Y	3♥	Q♥	8♥	K♣	2♠	4♠
Z	10♦	8♦	6♦	8♠	J♣	2♦

	1	2	3	4	5	Pair
A	8♦	5♥	K♣	8♥	Q♣	4♠
B	8♣	6♣	7♦	K♦	4♥	8♠
C	2♥	5♥	8♦	6♥	J♠	J♣
D	6♦	8♥	4♣	K♣	2♠	3♥
E	J♣	J♦	2♣	A♠	8♦	Q♣
F	8♠	6♦	Q♦	Q♥	A♥	5♥
G	8♦	3♥	8♥	3♣	Q♣	J♣
H	2♠	3♦	4♠	2♥	9♥	4♣

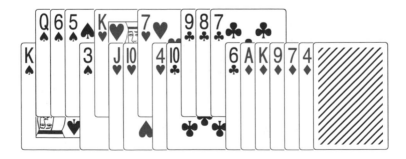

	1	2	3	4	5

	1	2	3	4	5	Pair
I	3♦	9♥	4♠	J♣	7♦	A♠
J	J♦	A♦	6♥	10♥	7♠	Q♣
K	3♥	K♣	6♠	J♠	A♠	6♣
L	Q♥	10♦	4♥	7♠	A♣	4♣
M	5♣	2♣	2♦	3♦	Q♦	9♠
N	6♥	J♦	6♣	6♦	A♠	7♠
O	K♦	5♥	K♣	9♠	6♠	4♣
P	8♠	2♦	9♥	10♣	K♠	A♠
Q	9♣	J♠	4♦	K♦	A♦	5♦
R	J♣	8♥	3♦	J♥	7♦	A♥
S	K♠	8♣	10♣	10♠	2♦	2♥
T	K♦	7♣	4♦	6♠	6♦	10♥
U	J♠	6♣	6♥	7♥	K♥	5♦
V	6♠	K♣	6♦	10♦	K♦	2♠
W	Q♣	3♥	K♥	6♥	5♦	4♥
X	10♦	J♦	2♥	Q♠	7♥	6♦
Y	A♠	10♥	5♦	6♠	9♠	8♦
Z	4♣	4♥	7♠	6♥	6♣	5♥

	1	2	3	4	5	Pair
A	3♥	Q♣	6♦	6♠	7♣	6♣
B	A♥	10♦	K♥	J♠	K♣	7♠
C	7♣	8♦	A♦	Q♥	7♥	2♠
D	Q♠	4♥	6♦	3♣	A♥	6♣
E	9♠	A♦	8♦	A♣	K♣	5♥
F	6♦	K♥	6♣	6♠	4♦	Q♠
G	A♣	7♣	Q♣	7♠	Q♥	6♥
H	2♥	K♣	K♦	8♦	6♠	3♣

133

	1	2	3	4	5

	1	2	3	4	5	Pair
I	10♣	5♠	K♦	K♥	A♦	8♥
J	10♠	A♣	8♦	2♠	Q♥	7♣
K	6♦	Q♠	K♦	J♦	10♥	Q♦
L	6♥	2♠	10♣	8♥	A♣	3♦
M	6♣	Q♠	6♦	10♥	J♠	K♦
N	5♠	7♣	A♠	8♥	10♠	2♥
O	5♣	9♦	7♥	8♣	9♥	K♦
P	8♦	2♠	Q♦	2♣	5♥	8♠
Q	5♠	A♣	K♥	10♠	9♣	10♣
R	A♠	Q♠	K♦	10♥	A♦	4♣
S	10♦	8♣	J♥	K♣	5♦	K♠
T	7♣	J♠	9♣	K♥	3♦	7♦
U	7♠	3♣	J♣	4♠	9♥	2♥
V	K♦	6♥	K♥	5♠	8♥	10♣
W	4♣	A♠	6♣	A♣	2♠	K♠
X	J♦	Q♣	A♦	6♥	2♥	7♦
Y	9♣	2♣	Q♥	K♠	4♦	10♣
Z	8♠	Q♠	Q♣	A♣	2♠	6♣

	1	2	3	4	5	Pair
A	10♣	2♥	K♥	10♥	2♣	6♣
B	8♥	3♦	8♦	7♣	J♠	10♠
C	A♠	4♦	Q♣	10♥	9♣	J♦
D	2♠	4♣	J♠	K♥	7♦	2♥
E	10♦	8♣	5♦	7♥	4♥	6♥
F	8♦	Q♦	9♣	A♠	10♠	6♦
G	Q♠	A♦	4♦	Q♣	J♦	2♥
H	2♦	9♠	4♠	10♦	9♥	5♥

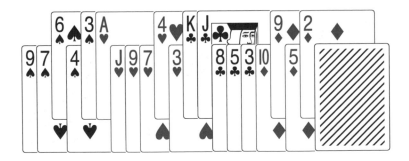

	1	2	3	4	5

	1	2	3	4	5	Pair
I	J♥	4♣	Q♣	7♦	Q♦	7♠
J	7♥	K♥	8♦	A♠	2♠	A♦
K	4♦	J♣	9♦	9♠	7♣	2♦
L	A♠	5♦	7♦	2♥	J♠	4♥
M	6♦	8♣	9♣	Q♠	J♣	Q♣
N	Q♦	6♥	10♣	4♥	3♥	9♥
O	Q♥	7♦	2♥	J♥	7♥	K♠
P	10♣	10♥	8♦	4♥	3♣	A♦
Q	6♥	7♦	7♠	4♣	K♦	5♥
R	7♣	9♦	K♣	8♣	3♠	J♠
S	10♥	Q♥	2♦	Q♣	6♥	5♦
T	8♠	3♣	4♥	9♥	4♠	J♥
U	9♣	6♣	8♣	10♦	J♦	4♣
V	10♥	8♦	A♠	2♥	Q♣	K♦
W	7♠	2♦	K♠	4♣	5♠	Q♥
X	7♦	Q♣	10♥	A♦	A♠	4♠
Y	J♦	9♣	7♠	10♦	8♥	7♥
Z	3♦	Q♦	2♦	8♦	4♠	5♠

	1	2	3	4	5	Pair
A	5♦	J♠	A♦	Q♦	8♠	10♣
B	3♥	2♦	Q♣	7♥	6♥	K♥
C	J♥	4♥	2♠	Q♦	7♠	J♠
D	Q♥	5♦	K♥	2♦	4♠	6♥
E	9♥	J♠	7♥	4♥	5♠	5♥
F	2♠	4♠	K♠	Q♣	2♥	J♥
G	7♥	8♦	7♥	4♣	10♥	4♥
H	10♣	5♠	5♥	2♠	K♦	Q♥

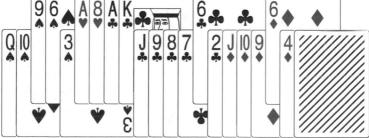

	1	2	3	4	5

	1	2	3	4	5	Pair
A	6♦	8♣	J♦	2♥	K♠	10♥
B	7♥	9♣	K♣	5♠	A♦	K♦
C	6♠	9♦	4♦	2♠	4♥	8♦
D	J♥	3♠	J♦	9♣	6♦	10♠
E	9♠	K♣	Q♥	5♦	A♠	7♠
F	Q♣	K♠	8♠	6♦	3♦	6♠
G	10♥	6♥	4♦	7♣	K♥	7♦
H	4♥	8♦	2♥	9♥	6♥	8♥

	1	2	3	4	5	Pair
I	Q♠	5♥	9♦	10♥	A♣	2♦
J	8♠	4♠	6♦	6♥	8♦	3♠
K	4♥	4♦	10♣	Q♣	3♦	J♥
L	9♠	J♣	10♦	3♣	K♣	10♠
M	4♦	Q♦	9♦	6♥	6♠	10♣
N	A♣	5♥	K♠	4♠	7♣	3♦
O	8♥	2♥	Q♣	3♠	2♠	8♠
P	K♥	3♣	A♥	A♦	10♦	6♥
Q	Q♦	10♠	2♦	8♦	9♥	4♠
R	K♠	7♣	4♥	8♣	J♦	10♣
S	8♠	10♥	Q♠	10♠	9♦	K♦
T	A♣	Q♣	6♠	8♥	9♣	5♥
U	3♠	2♠	8♠	7♦	8♣	10♦
V	6♠	6♦	2♦	J♦	6♥	K♦
W	3♦	4♠	K♠	8♣	3♠	2♠
X	2♥	9♥	10♣	5♥	7♦	9♣
Y	9♦	2♠	10♥	Q♦	4♥	10♠
Z	6♥	J♦	5♥	4♠	8♥	7♣

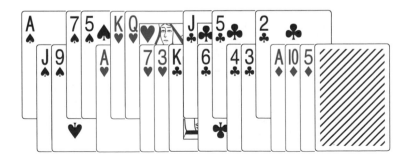

	1	2	3	4	5

	1	2	3	4	5	Pair
I	7♥	10♣	4♠	4♣	7♠	7♦
J	10♠	6♥	10♦	3♥	J♠	Q♣
K	Q♦	5♠	7♣	K♠	4♠	2♦
L	6♥	J♣	4♥	A♦	7♦	J♠
M	Q♦	7♣	K♥	9♥	8♠	4♣
N	8♥	10♦	5♠	Q♣	5♥	4♠
O	6♦	A♦	7♦	6♠	7♣	8♠
P	9♥	8♥	K♠	7♥	4♣	2♠
Q	9♥	Q♠	3♥	10♣	Q♣	5♠
R	A♠	3♣	3♦	3♠	5♦	5♣
S	K♥	A♦	K♣	2♠	9♠	7♥
T	6♠	J♦	Q♣	3♥	10♣	8♠
U	2♥	J♥	A♣	8♦	A♠	K♠
V	2♣	3♠	8♣	4♦	10♥	3♥
W	10♣	Q♠	Q♦	4♣	10♦	2♠
X	8♥	6♦	7♥	9♣	5♥	5♣
Y	Q♠	7♣	6♥	J♠	10♣	9♥
Z	6♠	5♣	10♠	9♣	8♠	Q♦

	1	2	3	4	5	Pair
A	2♠	9♣	4♥	6♦	10♦	J♦
B	8♥	7♣	A♦	K♥	5♣	9♠
C	K♦	9♦	3♠	8♦	8♣	6♥
D	7♥	A♥	10♦	9♣	5♣	6♦
E	5♦	A♣	10♥	3♠	K♣	K♥
F	10♠	8♥	7♦	9♥	Q♠	J♠
G	10♣	7♣	A♦	6♠	Q♣	9♠
H	4♥	Q♠	5♠	J♠	10♠	J♣

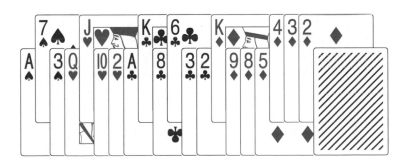

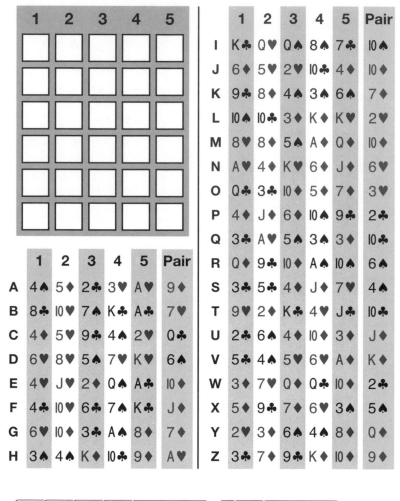

	1	2	3	4	5	Pair
I	K♣	Q♥	Q♠	8♠	7♣	10♠
J	6♦	5♥	2♥	10♣	4♦	10♦
K	9♣	8♦	4♠	3♠	6♠	7♦
L	10♠	10♣	3♦	K♦	K♥	2♥
M	8♥	8♦	5♠	A♦	Q♦	10♦
N	A♥	4♦	K♥	6♦	J♦	6♥
O	Q♣	3♣	10♦	5♦	7♦	3♥
P	4♦	J♦	6♦	10♠	9♣	2♣
Q	3♣	A♥	5♠	3♠	3♦	10♣
R	Q♦	9♣	10♦	A♠	10♠	6♣
S	3♣	5♣	4♦	J♦	7♥	4♠
T	9♥	2♦	K♣	4♥	J♣	10♣
U	2♣	6♠	4♦	10♦	3♦	J♦
V	5♣	4♠	5♥	6♥	A♠	K♦
W	3♦	7♥	Q♦	Q♣	10♦	2♣
X	5♦	9♣	7♦	6♥	3♠	5♠
Y	2♥	3♦	6♠	4♠	8♦	Q♦
Z	3♣	7♦	9♣	K♦	10♦	9♦

	1	2	3	4	5	Pair
A	4♠	5♦	2♣	3♥	A♥	9♦
B	8♣	10♥	7♠	K♣	A♣	7♥
C	4♦	5♥	9♣	4♠	2♥	Q♣
D	6♥	8♥	5♠	7♥	K♥	6♠
E	4♥	J♥	2♦	Q♠	A♣	10♦
F	4♣	10♥	6♣	7♠	K♣	J♦
G	6♥	10♦	3♣	A♠	8♥	7♦
H	3♠	4♠	K♦	10♣	9♦	A♥

	1	2	3	4	5

	1	2	3	4	5	Pair
I	2♠	6♠	3♥	7♣	J♣	5♦
J	J♠	A♦	8♣	A♥	2♣	6♣
K	7♣	3♠	K♣	2♦	6♠	Q♥
L	9♦	8♣	6♣	5♦	J♥	2♣
M	A♦	7♠	2♦	J♣	A♠	Q♣
N	5♦	K♠	Q♥	K♦	9♣	6♥
O	7♣	3♥	J♣	J♠	9♦	2♣
P	8♥	5♦	9♥	K♠	2♠	Q♥
Q	7♣	3♥	7♦	2♥	3♣	9♦
R	8♠	10♥	6♦	4♣	A♣	J♣
S	9♣	A♦	6♥	J♣	7♦	6♠
T	4♠	10♠	4♣	4♥	Q♦	2♣
U	3♠	2♦	8♣	K♠	5♥	7♠
V	2♣	4♦	8♥	9♣	K♦	Q♥
W	3♥	9♥	6♣	K♠	J♦	5♦
X	8♣	5♥	2♣	A♠	Q♥	6♥
Y	7♣	K♠	K♦	5♦	9♥	J♣
Z	9♠	10♠	4♣	10♥	8♦	2♣

	1	2	3	4	5	Pair
A	J♠	8♥	K♣	3♠	7♦	2♣
B	2♠	A♦	5♠	7♣	J♣	5♦
C	K♣	K♦	4♦	9♣	A♠	J♦
D	6♠	7♣	8♥	6♣	5♦	Q♥
E	8♠	7♥	10♥	10♠	A♣	7♦
F	A♥	7♠	8♣	J♥	K♦	6♠
G	3♥	6♥	2♠	K♠	2♦	A♠
H	K♥	Q♦	3♦	10♣	9♠	J♥

	1	2	3	4	5

	1	2	3	4	5	Pair
I	7♥	A♣	A♦	3♠	4♦	7♣
J	8♥	5♣	4♣	4♥	3♣	8♦
K	6♠	Q♥	3♦	K♣	4♠	7♠
L	J♣	4♦	10♣	5♠	9♠	2♥
M	2♦	4♣	6♠	5♥	7♠	Q♠
N	8♥	5♣	6♦	10♦	9♣	9♦
O	8♦	4♠	Q♠	3♣	K♥	7♠
P	6♣	3♥	4♥	7♣	5♣	6♠
Q	8♦	J♠	4♠	7♠	K♦	3♣
R	10♠	7♥	7♠	A♦	10♥	Q♠
S	10♦	8♦	2♥	K♠	4♠	K♣
T	5♣	J♥	3♣	3♦	J♠	Q♠
U	7♥	9♥	9♠	J♦	10♣	K♠
V	6♦	2♦	5♥	Q♣	6♣	3♠
W	4♣	2♥	3♥	3♠	K♦	7♣
X	A♠	7♠	9♦	5♣	3♣	5♥
Y	3♦	8♦	6♣	J♠	7♣	K♠
Z	4♠	4♣	3♥	9♦	6♦	3♣

	1	2	3	4	5	Pair
A	3♥	4♥	8♦	Q♥	3♦	5♥
B	K♠	5♣	10♦	8♣	J♥	4♣
C	Q♣	Q♥	3♦	8♦	6♦	4♠
D	10♠	6♥	A♣	9♠	2♦	5♣
E	Q♣	2♦	7♠	8♥	K♣	8♦
F	K♠	4♠	A♠	5♥	Q♥	6♣
G	4♥	9♣	J♠	8♠	5♣	8♥
H	3♣	Q♥	J♥	2♥	K♠	4♠

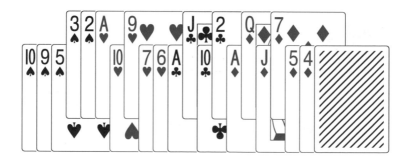

	1	2	3	4	5

	1	2	3	4	5	Pair
I	6♣	A♣	9♦	3♦	Q♦	8♣
J	8♥	10♦	4♦	5♦	3♣	9♣
K	3♠	J♣	6♠	9♠	Q♣	Q♠
L	10♦	A♠	7♥	K♣	A♦	2♦
M	J♣	8♦	3♠	4♠	10♥	3♥
N	6♥	A♦	5♦	Q♣	K♥	2♦
O	9♠	10♦	7♦	9♣	3♠	8♦
P	6♣	2♠	9♥	9♦	4♥	4♦
Q	7♥	8♣	10♠	2♣	10♥	10♦
R	4♥	3♣	Q♣	5♠	7♥	8♦
S	8♠	Q♦	A♥	9♦	A♣	J♦
T	10♠	2♠	J♣	K♣	Q♣	8♦
U	Q♠	4♠	J♦	3♣	6♠	2♦
V	8♥	10♦	5♠	5♦	A♦	9♣
W	6♥	Q♣	10♥	7♠	9♠	2♣
X	3♣	10♦	K♠	A♦	7♥	8♣
Y	4♠	Q♠	3♠	7♦	3♥	5♦
Z	8♦	2♣	K♥	10♦	J♣	9♠

	1	2	3	4	5	Pair
A	J♥	5♥	A♣	6♣	Q♥	8♣
B	3♣	3♠	7♠	4♠	10♠	10♥
C	7♦	6♥	J♣	3♥	8♥	2♣
D	Q♣	5♠	7♥	9♣	3♠	A♦
E	Q♦	10♣	5♣	A♥	J♥	7♦
F	J♣	4♦	A♦	A♠	9♠	10♥
G	10♠	Q♠	7♥	7♦	3♥	K♥
H	10♦	5♠	J♠	5♦	8♥	6♥

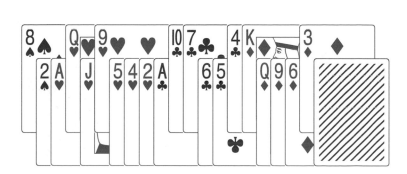

	1	2	3	4	5

	1	2	3	4	5	Pair
A	9♦	A♣	2♦	Q♠	10♥	J♦
B	4♥	K♥	8♦	5♣	2♣	4♦
C	3♣	10♠	7♥	8♥	A♠	3♠
D	3♦	J♦	9♥	7♦	8♣	Q♠
E	Q♣	J♠	10♣	9♣	K♦	A♠
F	2♦	7♦	4♦	8♥	2♣	9♦
G	J♦	4♥	K♣	3♠	4♣	J♥
H	A♦	2♦	7♥	Q♠	9♦	4♦

	1	2	3	4	5	Pair
I	J♦	4♣	7♣	8♠	4♥	3♠
J	10♠	8♥	5♠	K♣	A♠	9♠
K	6♣	K♥	A♥	4♦	7♥	J♦
L	10♣	K♠	J♠	Q♦	6♠	9♦
M	A♣	8♠	8♦	8♥	2♥	4♣
N	10♥	7♣	A♦	3♠	Q♠	8♣
O	4♦	5♠	K♥	8♠	8♦	4♥
P	2♦	10♠	Q♠	A♦	9♥	A♥
Q	10♥	J♦	8♣	8♦	9♦	3♣
R	3♠	7♦	K♥	3♦	A♠	6♣
S	7♠	9♣	Q♥	Q♣	6♥	8♠
T	6♦	4♠	5♥	J♠	10♣	A♦
U	J♥	4♦	9♥	2♦	8♦	A♥
V	8♠	3♣	3♦	6♣	A♠	8♣
W	10♠	4♦	J♦	2♠	7♥	7♣
X	2♦	4♣	8♥	9♠	3♠	5♣
Y	6♦	6♠	3♥	J♠	Q♥	J♥
Z	8♣	7♥	2♦	2♣	Q♠	A♦

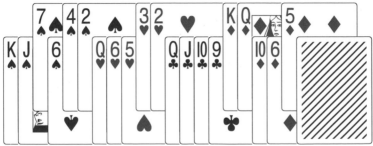

	1	2	3	4	5

	1	2	3	4	5	Pair
I	4♦	8♦	9♣	2♣	7♦	3♣
J	A♥	3♦	4♣	J♠	7♥	8♣
K	9♣	2♦	K♣	7♠	K♥	8♥
L	6♣	K♠	2♠	A♠	4♦	K♦
M	A♦	8♦	9♥	3♦	A♥	2♦
N	5♦	3♥	8♠	4♠	Q♦	3♣
O	A♥	K♥	6♦	10♦	4♦	7♦
P	J♥	2♠	6♣	J♣	9♦	2♣
Q	8♣	8♦	7♦	7♠	9♣	10♦
R	6♥	4♠	10♠	5♦	3♥	4♦
S	K♠	A♥	2♠	9♦	6♦	5♥
T	2♦	K♦	A♦	2♣	K♣	9♣
U	8♦	3♦	7♥	10♦	7♠	6♦
V	J♥	2♣	K♥	6♣	J♠	9♥
W	J♦	5♦	3♥	9♠	3♠	K♠
X	A♠	6♣	A♦	4♦	5♣	K♦
Y	3♣	5♥	7♦	6♦	8♣	9♣
Z	10♦	A♣	7♥	9♥	3♦	2♦

	1	2	3	4	5	Pair
A	3♦	2♣	K♣	9♥	K♠	4♦
B	10♦	4♣	J♥	7♠	9♣	8♥
C	2♠	J♠	2♣	4♦	5♣	A♦
D	9♥	9♣	6♦	K♥	7♦	7♥
E	10♠	4♥	5♠	Q♥	Q♣	7♣
F	9♥	7♥	8♣	J♠	2♥	K♥
G	3♣	A♠	2♣	4♦	6♣	K♣
H	5♣	7♠	2♦	6♦	K♠	10♦

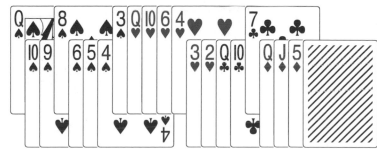

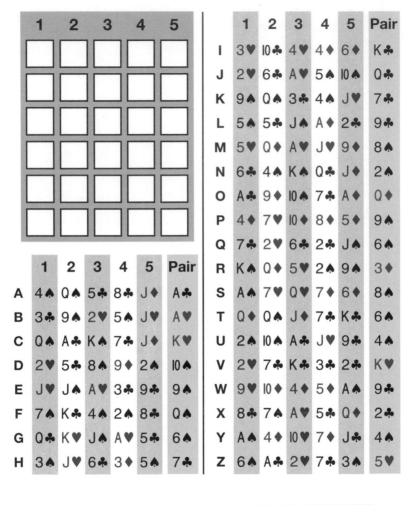

	1	2	3	4	5	Pair
I	3♥	10♣	4♥	4♦	6♦	K♣
J	2♥	6♣	A♥	5♠	10♠	Q♣
K	9♠	Q♠	3♣	4♠	J♥	7♣
L	5♠	5♣	J♠	A♦	2♣	9♣
M	5♥	Q♦	A♥	J♥	9♦	8♠
N	6♣	4♠	K♠	Q♣	J♦	2♠
O	A♣	9♦	10♠	7♣	A♦	Q♦
P	4♦	7♥	10♦	8♦	5♦	9♠
Q	7♣	2♥	6♣	2♣	J♠	6♦
R	K♠	Q♦	5♥	2♠	9♠	3♦
S	A♠	7♥	Q♥	7♦	6♦	8♠
T	Q♦	Q♠	J♦	7♠	K♣	6♠
U	2♠	10♠	A♣	J♥	9♣	4♠
V	2♥	7♣	K♣	3♣	2♣	K♥
W	9♥	10♦	4♦	5♦	A♠	9♣
X	8♣	7♠	A♥	5♠	Q♦	2♣
Y	A♠	4♦	10♥	7♦	J♣	4♠
Z	6♠	A♣	2♥	7♣	3♠	5♥

	1	2	3	4	5	Pair
A	4♠	Q♠	5♣	8♣	J♦	A♣
B	3♣	9♠	2♥	5♠	J♥	A♥
C	Q♠	A♣	K♠	7♣	J♦	K♥
D	2♥	5♣	8♠	9♦	2♠	10♠
E	J♥	J♠	A♥	3♣	9♣	9♠
F	7♠	K♣	4♠	2♠	8♣	Q♠
G	Q♣	K♥	J♠	A♥	5♣	6♠
H	3♠	J♥	6♣	3♦	5♠	7♣

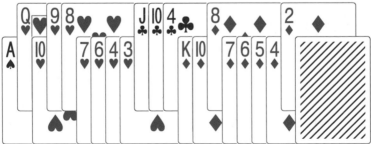

	1	2	3	4	5

	1	2	3	4	5	Pair
I	5♥	6♣	A♥	K♥	8♦	4♣
J	Q♦	2♣	Q♥	7♦	3♣	A♣
K	9♥	6♣	K♦	A♥	5♥	10♣
L	2♣	8♥	A♦	9♣	J♠	7♦
M	3♦	Q♦	2♦	7♠	A♣	4♣
N	6♥	3♥	J♣	J♦	2♥	J♠
O	K♠	3♠	Q♣	6♠	6♦	Q♥
P	5♠	5♣	9♠	9♦	4♣	2♠
Q	7♦	1♥	5♥	Q♥	0♥	0♣
R	J♥	A♥	A♠	3♦	K♦	10♣
S	Q♥	3♣	7♠	5♣	2♠	K♥
T	7♥	Q♠	K♠	6♠	2♥	9♥
U	K♣	5♠	2♣	J♥	7♠	K♦
V	3♣	4♠	Q♦	A♠	9♥	A♦
W	2♦	8♥	A♥	K♦	Q♥	A♣
X	9♣	2♠	6♣	4♣	4♠	K♥
Y	Q♦	5♣	J♠	5♠	9♥	A♠
Z	A♥	5♥	2♣	9♠	6♣	8♥

	1	2	3	4	5	Pair
A	10♦	7♥	J♣	2♥	10♠	A♣
B	J♥	3♣	7♦	8♦	6♣	A♦
C	8♥	10♣	2♦	3♦	K♥	K♦
D	Q♦	5♠	3♣	A♦	4♣	J♥
E	J♣	10♠	4♦	3♠	10♥	K♣
F	5♣	K♥	A♠	J♥	8♥	5♥
G	4♥	4♣	9♣	9♥	6♣	5♠
H	7♠	2♠	J♥	2♣	Q♦	Q♥

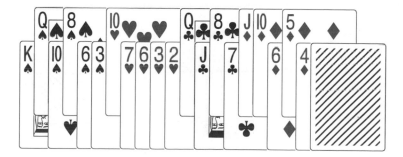

145

	1	2	3	4	5

	1	2	3	4	5	Pair
I	Q♠	Q♥	2♦	9♦	7♥	3♦
J	9♥	4♣	5♣	7♣	10♦	J♠
K	K♦	K♠	9♦	9♣	6♠	7♥
L	3♠	Q♣	10♦	6♥	2♦	Q♥
M	A♥	7♦	8♦	8♥	5♦	7♥
N	Q♥	4♦	J♠	Q♠	8♣	4♥
O	2♦	J♦	10♦	K♣	9♣	4♣
P	9♥	8♣	Q♥	3♠	7♠	K♠
Q	4♠	3♥	9♠	J♠	10♦	9♦
R	10♥	2♥	5♠	A♥	6♦	2♠
S	4♠	Q♣	J♦	6♥	6♠	9♣
T	K♠	Q♠	K♦	8♠	7♣	K♣
U	5♣	2♦	9♥	7♠	Q♣	4♥
V	4♦	Q♥	J♦	6♠	9♠	6♥
W	9♣	Q♣	2♦	K♦	7♥	2♠
X	9♥	Q♠	7♠	9♠	3♥	J♠
Y	4♠	8♠	6♠	2♦	5♣	K♠
Z	2♠	K♣	J♠	3♦	3♥	9♠

	1	2	3	4	5	Pair
A	6♦	6♣	8♦	10♠	5♠	4♠
B	K♦	9♠	8♣	2♠	10♦	K♦
C	9♣	9♦	3♠	8♠	K♣	9♥
D	10♣	7♦	6♦	8♥	10♥	5♣
E	2♣	8♦	3♣	5♥	5♠	Q♥
F	2♠	8♠	9♠	Q♠	4♥	4♣
G	A♣	5♣	Q♥	9♣	7♥	J♥
H	6♥	J♠	K♠	4♠	9♥	9♠

	1	2	3	4	5

	1	2	3	4	5	Pair
A	7♦	9♣	3♥	6♣	8♥	5♦
B	J♦	A♣	3♦	K♠	4♦	J♣
C	6♠	9♥	9♦	4♣	10♣	Q♥
D	5♦	Q♣	A♠	6♥	J♦	7♠
E	Q♠	3♣	4♥	9♠	4♦	4♣
F	4♠	2♦	7♦	8♥	3♥	5♠
G	4♥	9♠	K♠	Q♠	5♥	10♣
H	6♥	Q♥	9♦	J♦	A♣	J♥

	1	2	3	4	5	Pair
I	K♠	5♥	10♠	Q♣	7♠	6♠
J	A♣	J♠	10♣	A♥	3♣	4♦
K	9♦	3♦	Q♠	10♠	6♥	4♣
L	Q♣	Q♦	10♣	9♠	K♠	6♠
M	4♣	4♥	10♠	5♠	7♠	4♦
N	5♥	Q♣	9♠	Q♠	J♠	Q♥
O	10♦	3♥	7♦	3♠	K♥	A♥
P	9♦	8♣	2♠	A♣	3♣	5♣
Q	Q♥	Q♥	J♣	9♥	4♦	7♣
R	K♥	8♦	3♥	2♣	A♦	A♣
S	A♠	10♠	J♣	3♦	Q♠	3♣
T	4♦	Q♣	5♦	Q♦	J♠	5♣
U	K♠	3♦	6♠	10♥	5♥	A♠
V	3♥	10♦	8♠	7♦	2♦	10♠
W	4♣	A♠	8♣	3♦	9♦	5♠
X	7♠	10♠	Q♥	Q♠	5♥	6♠
Y	J♣	4♣	J♠	A♣	J♥	5♦
Z	Q♥	6♥	8♣	7♣	5♥	9♠

	1	2	3	4	5

	1	2	3	4	5	Pair
I	K♣	3♠	6♥	2♦	4♣	J♠
J	9♦	A♥	7♦	10♦	5♣	4♥
K	6♦	J♣	5♠	9♠	4♠	10♥
L	Q♠	4♥	10♦	10♣	A♣	J♠
M	9♠	2♥	J♥	8♥	7♣	J♣
N	J♦	5♣	5♠	9♦	10♥	4♥
O	4♠	8♦	3♦	A♥	9♥	2♥
P	Q♠	4♥	6♦	A♠	5♦	J♦
Q	Q♦	7♣	8♦	J♣	J♥	9♦
R	Q♠	10♠	3♦	7♠	A♠	10♦
S	4♣	8♠	K♦	8♣	2♦	9♥
T	2♠	3♥	6♠	4♦	9♣	Q♦
U	7♣	8♦	A♣	3♦	J♠	5♠
V	5♥	6♠	2♦	3♥	6♥	J♣
W	7♠	4♠	J♦	4♥	10♠	Q♦
X	7♦	5♣	10♣	9♦	7♥	5♠
Y	2♥	J♣	9♥	8♥	7♣	10♥
Z	4♥	7♠	9♠	3♦	9♦	7♥

	1	2	3	4	5	Pair
A	2♣	8♣	2♠	K♣	K♥	4♥
B	J♥	J♣	3♦	6♦	5♠	A♠
C	8♥	8♣	6♣	J♠	7♠	7♥
D	10♣	A♣	10♥	A♠	5♦	9♥
E	Q♦	10♦	7♠	5♠	Q♠	Q♥
F	A♠	J♦	2♥	6♦	5♦	7♦
G	7♠	4♥	8♦	Q♦	9♦	10♦
H	6♣	5♦	A♠	A♥	Q♠	5♣

	1	2	3	4	5

	1	2	3	4	5	Pair
I	A♣	9♠	Q♠	9♥	9♣	4♠
J	Q♦	8♣	2♦	10♠	5♥	A♥
K	5♣	3♠	8♠	6♣	A♦	5♠
L	7♠	K♥	4♣	9♥	A♥	9♠
M	9♦	J♥	2♥	8♥	2♠	5♥
N	Q♥	K♥	6♠	10♠	9♣	Q♠
O	4♥	4♠	6♦	5♥	A♣	3♦
P	10♠	10♥	J♦	5♠	10♣	9♠
Q	A♣	A♠	A♥	7♠	10♥	Q♦
R	J♣	2♥	K♣	6♥	8♦	9♠
S	Q♣	9♦	7♣	A♠	3♣	10♣
T	5♥	A♣	4♥	10♦	8♣	Q♣
U	8♦	7♥	8♥	K♦	9♦	10♣
V	2♣	A♥	A♦	5♣	9♣	6♣
W	K♥	9♥	6♦	10♠	8♠	4♣
X	5♣	10♥	6♠	J♣	4♠	A♣
Y	9♣	6♦	10♠	9♠	Q♥	4♥
Z	5♠	8♠	9♥	5♣	J♦	Q♠

	1	2	3	4	5	Pair
A	J♣	6♦	10♣	4♥	Q♥	J♦
B	6♣	4♠	7♣	3♦	9♥	A♣
C	10♠	Q♥	Q♦	5♣	2♣	K♥
D	9♠	10♥	4♣	3♦	Q♠	A♥
E	A♠	5♦	J♥	9♦	8♦	Q♦
F	A♥	2♣	3♠	10♦	A♦	9♥
G	4♠	J♦	Q♦	6♣	Q♥	8♠
H	3♠	8♣	2♦	10♣	A♦	7♠

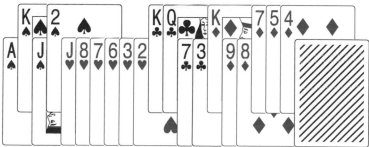

149

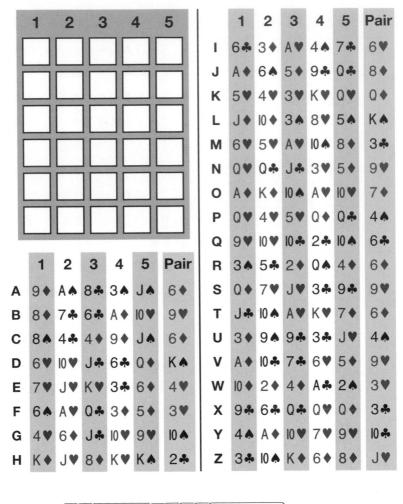

	1	2	3	4	5

	1	2	3	4	5	Pair
I	6♣	3♦	A♥	4♠	7♣	6♥
J	A♦	6♠	5♦	9♣	Q♣	8♦
K	5♥	4♥	3♥	K♥	Q♥	Q♦
L	J♦	10♦	3♠	8♥	5♠	K♠
M	6♥	5♥	A♥	10♠	8♦	3♣
N	Q♥	Q♣	J♣	3♥	5♥	9♥
O	A♦	K♦	10♠	A♥	10♥	7♦
P	Q♥	4♥	5♥	Q♦	Q♣	4♠
Q	9♥	10♥	10♣	2♣	10♠	6♣
R	3♠	5♣	2♦	Q♠	4♦	6♦
S	Q♦	7♥	J♥	3♣	9♣	9♥
T	J♣	10♠	A♥	K♥	7♦	6♣
U	3♥	9♠	9♣	3♣	J♥	4♠
V	A♦	10♣	7♣	6♥	5♦	9♥
W	10♦	2♦	4♦	A♣	2♠	3♥
X	9♣	6♣	Q♣	Q♥	Q♦	3♣
Y	4♠	A♦	10♥	7♥	9♥	10♣
Z	3♣	10♠	K♦	6♦	8♦	J♥

	1	2	3	4	5	Pair
A	9♦	A♠	8♣	3♠	J♠	6♦
B	8♦	7♣	6♣	A♦	10♥	9♥
C	8♠	4♣	4♦	9♦	J♠	6♦
D	6♥	10♥	J♣	6♣	Q♦	K♠
E	7♥	J♥	K♥	3♣	6♦	4♥
F	6♠	A♥	Q♣	3♦	5♦	3♥
G	4♥	6♦	J♣	10♥	9♥	10♠
H	K♦	J♥	8♦	K♥	K♠	2♣

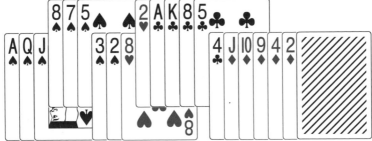

	1	2	3	4	5

	1	2	3	4	5	Pair
I	8♠	5♦	3♣	10♦	J♠	Q♣
J	10♥	6♣	Q♠	7♣	3♠	10♠
K	9♥	10♣	A♠	J♦	K♣	5♠
L	Q♠	7♣	4♣	Q♣	4♥	4♦
M	10♣	5♣	2♦	7♠	3♠	2♣
N	5♦	6♠	10♦	J♣	7♦	5♠
O	9♠	A♣	2♠	8♦	8♠	9♣
P	K♦	K♥	10♦	6♥	6♠	Q♦
Q	10♥	7♣	9♠	4♦	2♦	K♣
R	J♥	9♥	Q♦	8♣	J♦	10♠
S	5♣	9♦	4♠	6♦	4♣	7♠
T	6♠	8♦	J♠	5♦	3♥	9♥
U	Q♠	7♥	6♣	J♥	8♥	K♣
V	4♣	A♦	8♣	3♠	2♦	6♦
W	10♥	A♥	9♣	6♣	Q♠	5♠
X	4♥	4♦	6♦	Q♦	4♠	7♥
Y	5♠	K♣	2♣	A♠	Q♣	A♥
Z	4♠	J♦	Q♥	5♣	10♥	9♦

	1	2	3	4	5	Pair
A	9♦	10♥	4♣	10♣	5♣	A♠
B	A♦	9♣	Q♠	2♦	8♣	3♠
C	7♣	J♦	7♠	8♥	7♥	4♠
D	Q♠	5♠	A♠	6♣	4♥	Q♥
E	8♥	K♣	10♣	4♠	7♠	A♥
F	7♣	6♦	3♠	2♣	J♦	9♥
G	4♣	10♣	Q♦	4♥	9♦	Q♥
H	A♠	3♠	9♣	10♠	2♦	K♣

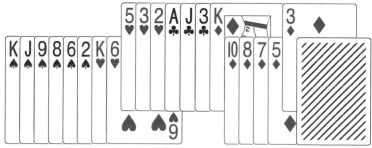

151

	1	2	3	4	5

	1	2	3	4	5	Pair
I	J♦	8♦	10♣	5♥	7♥	K♦
J	Q♣	Q♥	7♠	7♣	9♠	A♦
K	7♦	4♠	6♦	J♦	5♣	5♠
L	10♣	Q♥	J♣	K♣	9♦	A♠
M	6♦	7♣	K♦	Q♣	5♠	4♦
N	9♠	K♥	J♦	9♦	J♥	5♣
O	8♥	10♠	3♣	Q♠	10♥	7♥
P	6♣	K♣	5♥	2♠	Q♦	10♣
Q	J♠	A♠	8♦	Q♣	Q♥	J♥
R	9♥	10♥	5♦	8♣	A♣	5♠
S	7♠	4♦	8♦	6♦	J♠	Q♦
T	2♥	4♥	Q♠	3♥	A♣	K♦
U	2♠	8♦	Q♣	9♦	4♠	A♦
V	10♦	K♣	10♣	4♦	K♠	K♦
W	K♥	2♣	7♣	6♣	4♠	J♣
X	K♦	10♣	J♠	5♣	Q♣	4♦
Y	7♥	7♦	2♠	Q♥	6♦	2♣
Z	8♦	7♣	6♣	10♦	J♥	K♠

	1	2	3	4	5	Pair
A	A♠	5♣	7♣	7♠	5♠	9♠
B	7♥	Q♥	6♦	10♣	Q♦	K♠
C	J♣	10♥	8♣	2♦	A♥	7♠
D	7♥	2♣	5♣	9♣	5♠	8♦
E	J♦	7♥	Q♦	A♠	K♦	4♠
F	2♣	5♠	7♣	5♥	J♣	3♠
G	9♠	4♠	A♠	9♠	Q♦	4♦
H	3♥	9♥	8♣	10♥	3♦	5♠

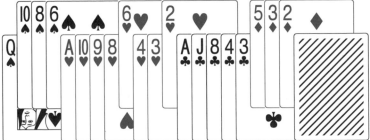

	1	2	3	4	5

	1	2	3	4	5	Pair
I	6♦	2♥	7♣	J♦	A♥	K♦
J	9♦	8♦	3♦	8♠	A♣	5♦
K	4♠	2♥	3♣	A♦	10♣	K♦
L	A♣	5♥	K♠	Q♦	2♣	J♣
M	8♦	8♠	K♣	4♠	K♦	Q♣
N	K♠	8♥	5♠	Q♥	3♦	7♦
O	4♦	3♥	A♠	Q♦	10♠	5♥
P	5♦	3♦	K♦	8♠	5♠	10♦
Q	3♠	2♠	A♠	6♠	J♠	5♥
R	4♠	3♦	9♣	J♥	Q♠	9♦
S	3♥	5♥	10♥	10♠	7♠	2♣
T	8♠	4♦	A♥	9♣	5♦	K♣
U	4♠	5♣	4♥	J♠	2♠	8♠
V	K♣	J♣	K♥	10♦	5♠	10♥
W	8♥	K♦	8♣	7♥	4♦	8♠
X	9♣	9♦	J♥	2♣	K♣	3♥
Y	5♥	4♦	3♦	7♠	A♣	8♣
Z	A♠	5♦	Q♠	K♠	9♦	Q♥

	1	2	3	4	5	Pair
A	K♠	8♠	3♦	Q♣	K♣	J♥
B	K♥	Q♠	5♥	3♥	10♠	A♣
C	4♥	2♥	2♠	9♥	6♥	4♦
D	K♥	8♥	10♠	K♠	J♣	10♥
E	Q♦	K♦	5♥	8♦	7♦	5♦
F	6♥	10♠	Q♠	K♥	8♣	K♣
G	9♦	7♠	8♦	7♦	8♠	A♥
H	6♥	3♥	Q♠	A♠	Q♣	5♦

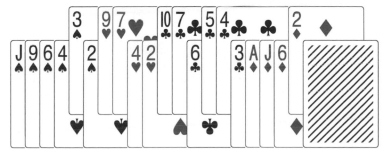

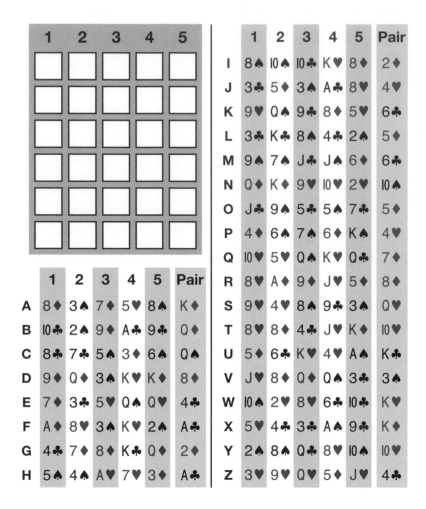

	1	2	3	4	5

	1	2	3	4	5	Pair
I	8♠	10♠	10♣	K♥	8♦	2♦
J	3♣	5♦	3♠	A♣	8♥	4♥
K	9♥	Q♠	9♣	8♦	5♥	6♣
L	3♦	K♣	8♠	4♣	2♠	5♦
M	9♠	7♦	J♣	J♠	6♦	6♣
N	Q♦	K♦	9♥	10♥	2♥	10♠
O	J♣	9♠	5♣	5♠	7♣	5♦
P	4♦	6♠	7♦	6♦	K♠	4♥
Q	10♥	5♥	Q♠	K♥	Q♣	7♦
R	8♥	A♦	9♦	J♥	5♦	8♦
S	9♥	4♥	8♠	3♣	3♠	Q♥
T	8♥	8♦	4♣	J♥	K♦	10♥
U	5♦	6♣	K♥	4♥	A♠	K♣
V	J♥	8♦	Q♦	Q♠	3♣	3♠
W	10♠	2♥	8♥	6♣	10♣	K♥
X	5♥	4♣	3♣	A♠	9♣	K♦
Y	2♠	8♠	Q♣	8♥	10♠	10♥
Z	3♥	9♥	Q♥	5♦	J♥	4♣

	1	2	3	4	5	Pair
A	8♦	3♠	7♦	5♥	8♠	K♦
B	10♣	2♠	9♦	A♣	9♣	Q♦
C	8♣	7♣	5♠	3♦	6♠	Q♠
D	9♦	Q♦	3♠	K♥	K♦	8♦
E	7♦	3♣	5♥	Q♠	Q♥	4♣
F	A♦	8♥	3♠	K♥	2♥	A♣
G	4♣	7♦	8♦	K♣	Q♦	2♦
H	5♠	4♠	A♥	7♥	3♦	A♣

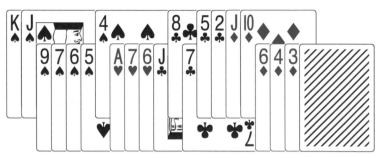

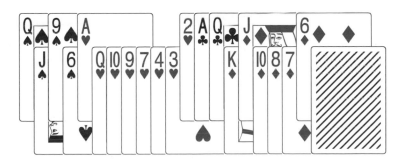

	1	2	3	4	5

	1	2	3	4	5	Pair
I	5♠	3♣	5♣	2♦	9♦	Q♦
J	3♦	4♠	4♣	5♦	8♥	A♠
K	9♦	Q♦	2♠	8♣	3♠	2♣
L	J♣	J♥	10♣	4♠	K♠	4♦
M	10♥	3♥	8♦	9♠	6♠	A♦
N	Q♦	5♣	2♠	9♦	3♣	6♥
O	5♠	5♦	7♠	K♣	5♥	2♣
P	K♥	3♦	4♦	8♥	9♣	7♣
Q	9♦	A♦	J♥	2♠	K♠	Q♣
R	5♣	10♣	10♠	K♠	Q♠	5♦
S	6♣	4♦	7♠	4♣	8♠	A♠
T	Q♣	7♦	Q♥	6♠	K♦	K♣
U	10♥	8♦	J♦	7♥	4♥	7♠
V	Q♦	5♥	5♦	K♠	8♥	8♣
W	3♦	9♦	4♦	J♣	A♠	5♣
X	8♣	J♥	8♥	6♣	K♠	3♣
Y	K♥	8♠	4♠	4♦	A♦	5♠
Z	5♣	5♦	3♦	K♠	10♣	3♣

	1	2	3	4	5	Pair
A	7♣	2♦	K♥	K♣	8♥	5♣
B	3♥	6♠	J♠	7♦	Q♠	5♥
C	K♥	5♦	J♣	3♣	3♠	4♣
D	A♠	10♣	2♦	8♥	6♣	2♣
E	K♣	3♦	6♥	J♣	7♣	3♠
F	5♠	3♣	10♠	4♣	8♣	K♠
G	8♥	5♣	K♣	9♦	2♥	4♦
H	7♥	2♥	10♦	8♦	J♠	J♥

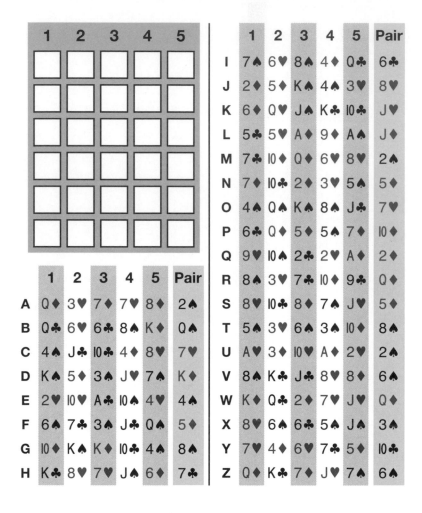

	1	2	3	4	5

	1	2	3	4	5	Pair
I	7♠	6♥	8♠	4♦	Q♣	6♣
J	2♦	5♦	K♠	4♠	3♥	8♥
K	6♦	Q♥	J♠	K♣	10♣	J♥
L	5♣	5♥	A♦	9♦	A♠	J♦
M	7♣	10♦	Q♦	6♥	8♥	2♣
N	7♦	10♣	2♦	3♥	5♠	5♦
O	4♠	Q♠	K♠	8♠	J♣	7♥
P	6♣	Q♦	5♦	5♠	7♦	10♦
Q	9♥	10♠	2♣	2♥	A♦	2♦
R	8♠	3♥	7♣	10♦	9♣	Q♦
S	8♥	10♣	8♦	7♠	J♥	5♦
T	5♠	3♥	6♠	3♠	10♦	8♠
U	A♥	3♦	10♥	A♦	2♥	2♠
V	8♠	K♣	J♣	8♥	8♦	6♠
W	K♦	Q♣	2♦	7♥	J♥	Q♦
X	8♥	6♠	6♣	5♠	J♠	3♠
Y	7♥	4♦	6♥	7♣	5♦	10♣
Z	Q♦	K♣	7♦	J♥	7♠	6♠

	1	2	3	4	5	Pair
A	Q♦	3♥	7♦	7♥	8♦	2♠
B	Q♣	6♥	6♣	8♠	K♦	Q♠
C	4♠	J♣	10♣	4♦	8♥	7♥
D	K♠	5♦	3♠	J♥	7♠	K♦
E	2♥	10♥	A♣	10♠	4♥	4♠
F	6♠	7♣	3♠	J♣	Q♠	5♦
G	10♦	K♠	K♦	10♣	4♠	8♠
H	K♣	8♥	7♥	J♠	6♦	7♣

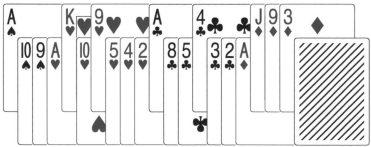

	1	2	3	4	5

	1	2	3	4	5	Pair
I	K♣	3♥	5♠	9♥	9♠	Q♦
J	4♦	8♥	6♥	6♦	J♠	9♦
K	2♣	Q♣	4♣	8♣	10♥	K♥
L	A♣	4♦	6♦	A♥	7♦	A♠
M	10♦	7♣	Q♠	2♥	Q♦	10♥
N	2♣	4♦	K♥	A♥	J♥	A♦
O	3♣	A♣	10♥	8♥	Q♣	5♥
P	6♠	7♣	2♦	7♠	2♥	K♥
Q	A♥	6♥	3♣	J♠	9♦	10♦
R	8♣	A♣	5♥	Q♠	2♣	2♥
S	9♣	K♥	A♠	6♦	A♦	J♠
T	A♣	Q♠	5♦	5♥	3♣	4♣
U	Q♦	A♦	9♣	4♦	2♠	8♣
V	J♠	2♥	10♦	2♣	7♦	5♥
W	Q♣	A♥	7♣	9♦	6♦	A♣
X	5♥	Q♦	2♦	2♣	6♠	7♠
Y	5♠	4♠	K♦	J♦	10♠	10♥
Z	9♠	9♥	Q♥	J♣	K♣	3♦

	1	2	3	4	5	Pair
A	8♠	7♠	7♣	J♥	8♥	2♥
B	10♥	9♦	6♠	A♣	2♦	8♣
C	Q♣	7♦	2♥	Q♠	5♥	A♦
D	K♥	10♥	J♠	7♠	8♣	Q♦
E	5♥	6♠	9♦	A♠	2♥	6♦
F	8♦	J♦	5♣	K♣	7♥	3♣
G	4♣	8♥	7♦	2♣	8♣	7♣
H	J♠	A♥	A♦	6♥	2♥	2♠

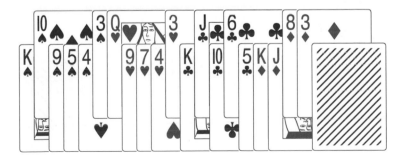

	1	2	3	4	5

	1	2	3	4	5	Pair
I	5♣	5♠	8♠	3♥	7♥	9♠
J	Q♦	K♣	4♣	7♣	J♣	K♠
K	9♠	2♠	5♠	K♦	7♠	5♦
L	K♥	J♥	8♦	A♣	6♥	Q♥
M	Q♠	J♣	3♦	3♣	5♣	Q♦
N	6♦	2♣	9♦	A♥	K♥	4♠
O	5♦	3♥	10♠	5♠	9♠	7♠
P	2♠	7♣	7♥	K♦	Q♥	3♦
Q	3♣	3♠	7♠	J♣	Q♣	3♥
R	5♦	Q♥	9♠	8♠	6♣	7♥
S	7♠	3♥	K♠	7♠	8♣	10♥
T	K♣	5♠	7♥	Q♣	9♠	4♠
U	9♥	7♠	5♦	10♠	4♣	3♣
V	3♥	K♦	5♣	8♥	5♠	7♥
W	7♣	10♥	4♣	2♠	Q♠	7♠
X	Q♥	J♠	3♥	K♠	10♠	10♣
Y	7♣	3♣	7♠	5♦	K♣	2♠
Z	10♣	10♥	8♥	K♦	5♠	9♠

	1	2	3	4	5	Pair
A	4♦	9♦	10♦	2♥	A♦	10♣
B	8♣	7♦	7♥	Q♥	J♣	4♣
C	3♦	K♠	3♣	Q♦	3♠	7♣
D	7♦	Q♣	8♣	9♠	K♣	8♠
E	6♥	8♦	5♥	A♦	6♠	8♥
F	10♥	5♠	2♠	8♣	Q♦	Q♥
G	A♥	10♦	A♠	6♥	5♥	J♣
H	Q♦	8♣	Q♣	10♣	9♥	J♠

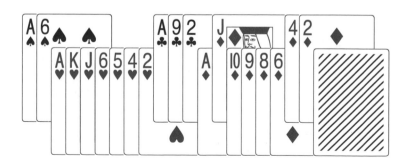

	1	2	3	4	5

	1	2	3	4	5	Pair
I	Q♥	4♣	10♣	J♠	J♦	2♣
J	A♠	5♦	K♣	8♦	3♦	10♠
K	7♥	10♥	A♦	2♥	A♣	8♥
L	A♥	6♣	9♣	6♠	J♥	3♦
M	8♥	4♠	2♥	10♥	10♠	5♦
N	9♦	5♥	5♠	10♣	7♥	8♦
O	Q♠	J♣	Q♦	8♣	3♥	8♥
P	2♦	9♦	4♠	Q♥	A♠	4♣
Q	J♣	A♣	K♣	10♣	10♠	9♣
R	9♥	4♠	2♣	J♦	5♠	3♦
S	A♣	9♣	5♥	Q♥	9♦	K♥
T	4♣	K♣	J♠	2♠	3♦	A♠
U	10♥	9♦	5♥	4♠	5♠	2♣
V	4♥	8♣	8♠	K♠	7♠	9♣
W	K♣	A♠	K♥	3♦	5♣	J♥
X	8♦	2♣	4♠	10♣	9♥	4♣
Y	A♥	8♥	J♠	K♥	5♣	J♦
Z	10♥	10♠	10♣	4♠	4♣	9♥

	1	2	3	4	5	Pair
A	6♦	7♠	8♣	Q♠	10♦	A♠
B	3♥	6♥	4♥	J♣	4♦	7♥
C	9♦	J♦	6♣	2♦	J♠	A♦
D	10♠	5♦	A♥	5♥	5♣	A♣
E	Q♠	J♣	4♦	8♠	Q♣	A♥
F	10♣	8♦	K♥	5♣	4♣	9♣
G	10♥	10♠	2♠	3♦	2♦	6♠
H	8♥	J♥	8♦	4♠	7♥	9♥

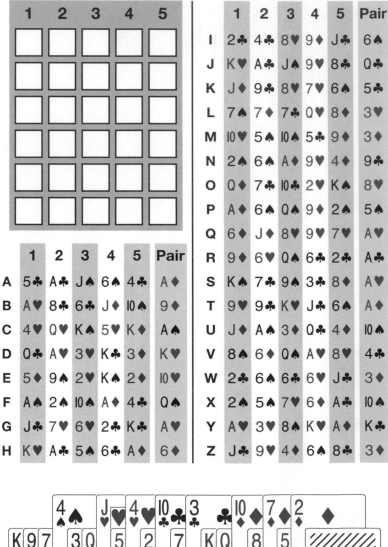

	1	2	3	4	5

	1	2	3	4	5	Pair
A	5♣	A♣	J♠	6♠	4♣	A♦
B	A♥	8♣	6♣	J♦	10♠	9♦
C	4♥	Q♥	K♠	5♥	K♦	A♠
D	Q♣	A♥	3♥	K♣	3♦	K♥
E	5♦	9♠	2♥	K♠	2♦	10♥
F	A♠	2♠	10♠	A♦	4♣	Q♠
G	J♣	7♥	6♥	2♣	K♣	A♥
H	K♥	A♣	5♠	6♣	A♦	6♦

	1	2	3	4	5	Pair
I	2♣	4♣	8♥	9♦	J♣	6♠
J	K♥	A♣	J♠	9♥	8♣	Q♣
K	J♦	9♣	8♥	7♥	6♠	5♣
L	7♠	7♦	7♣	Q♥	8♦	3♥
M	10♥	5♠	10♠	5♣	9♦	3♦
N	2♠	6♠	A♦	9♥	4♦	9♣
O	Q♦	7♣	10♣	2♥	K♠	8♥
P	A♦	6♠	Q♠	9♦	2♠	5♠
Q	6♦	J♦	8♥	9♥	7♥	A♥
R	9♦	6♥	Q♠	6♣	2♣	A♣
S	K♠	7♣	9♠	3♣	8♦	A♥
T	9♥	9♣	K♥	J♣	6♠	A♦
U	J♦	A♠	3♦	Q♣	4♦	10♠
V	8♠	6♦	Q♠	A♥	8♥	4♣
W	2♣	6♠	6♣	6♥	J♣	3♦
X	2♠	5♠	7♥	6♦	A♣	10♠
Y	A♥	3♥	8♠	K♥	A♦	K♣
Z	J♣	9♥	4♦	6♠	8♣	3♦

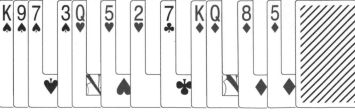